普华文化
PUHUA BOOKS

我们一起解决问题

房产销售高手成交训练

卿向东◎著

人民邮电出版社
北京

图书在版编目（CIP）数据

房产销售高手成交训练 / 卿向东著. -- 北京 : 人民邮电出版社, 2022.5（2023.9重印）
ISBN 978-7-115-58528-8

Ⅰ. ①房… Ⅱ. ①卿… Ⅲ. ①房地产－销售 Ⅳ. ①F293.352

中国版本图书馆CIP数据核字(2022)第016740号

内容提要

流量时代，房产经纪人如何通过运营私域流量开发客户；如何洞察客户需求，根据客户需求提供解决方案，提高客户的购买意愿；如何邀约客户、合理报价？又该从哪些方面提升自身的专业能力，实现交易量增长呢？

本书作者从一线房产经纪人、中介门店管理者的不同角度，结合自身的真实服务案例，全方位地为房产经纪人提供了全流程的操作指导。本书按照房产交易的流程，详细讲述了客户开发、私域流量运营、洞察客户需求、根据客户需求提供解决方案、邀约客户并合理报价、做好带看工作、收取购房意向金、与客户谈判、客户关系维护及客户转介绍等内容。总之，本书为非标准化的房产经纪行业提供了实施指南，其案例丰富、内容成体系、语言通俗易懂，具有较强的实操性。

本书适合房产经纪人、房产中介管理人员及想要从事房产销售工作的人员阅读。

◆ 著　　　卿向东
责任编辑　张国才
责任印制　彭志环
◆ 人民邮电出版社出版发行　　北京市丰台区成寿寺路 11 号
邮编　100164　　电子邮件　315@ptpress.com.cn
网址　https://www.ptpress.com.cn
北京虎彩文化传播有限公司印刷
◆ 开本：700×1000　1/16
印张：14.5　　2022 年 5 月第 1 版
字数：200 千字　　2023 年 9 月北京第 2 次印刷

定价：69.00 元

读者服务热线：(010)81055656　印装质量热线：(010)81055316
反盗版热线：(010)81055315
广告经营许可证：京东市监广登字 20170147 号

专家赞誉

商品房销售人员不仅是房地产行业从业人数最多的群体，更是“房住不炒”政策的行业一线实践者，迫切需要正确的政策认知、良好的职业素养和较高的业务水平，为新时期我国房地产行业高质量发展提供强有力的人才支撑。本书用实际案例告诉你如何从新手成长为销冠，适合商品房销售人员或有意向从事商品房销售的人员作为参考用书。

——**刘　源**　中国房地产业协会产学研用分会事业发展部主任

这是一本有效的房产销售工具书，书中树立了通往成交的清晰路标，并且以生动有趣、令人印象深刻的底层逻辑方式阐述了房产销售工作的五大板块，有助于从事房产销售工作的人员提升技能和业绩。

——**冯文丹**　安居客培训赋能中心培训运营经理

看完本书，我不得不佩服作者深厚的功底。一切为了成交，书中对成交细节演绎得淋漓尽致。房产销售人员只有掌握成交的“核心技术”，才能在市场竞争中立于不败之地。这是一本要去运用、实践的成交方法论，学好、用好这本书，房产销售人员能够加速职业化成长。

——**刘圣豪**　房智天下董事长

房地产行业经过近20年的高速发展，购房者需要更多具有专业知识和技能的房产销售人员提供高质量的服务。本书从客户增长、需求匹配、带看服务、谈判议价、推荐转化五个纬度开展讲述，并且提供了大量的成交案例供读者参考学习。总体而言，本书对于加速房产置业顾问职业化、提升房产销售人员的业绩和收入具有很大的帮助。

——**谢小明** 房霸学堂创始人

本书从大众化的视角，通过情景再现，将理论和实践紧密结合，全面系统地介绍了房产经纪人应了解的房源开发与推广技巧、客户开发与分析技巧、客户接待与面谈技巧、带客看房与成交技巧、客户跟进与维护技巧等内容。我相信吃透本书，无论是入职房产销售行业的新手，还是经验丰富的房产经纪人员，都会获得业绩增长。

——**牛金海** 宁夏中卫市置家房地产经纪有限公司董事长

成为一名优秀的房产经纪人并非易事，它不仅要求经纪人对房产销售行业有广泛的认知，更要求经纪人具备甄选合适房源、进行房客匹配、完成高效带看、引导后期议价等能力。这些能力需要经过长年累月的积累和磨练才能掌握。向东老师凭借其在行业一线的多年经验，并结合大量的真实案例，向读者生动地展示了上述技能如何在实际工作中得以有效运用。我相信，本书对于广大的经纪人朋友实现职业进阶具有很强的助推作用。

——**朱建东** 慈溪科威国际不动产有限公司董事长

我在线下听过向东老师为儒房做的公开课，这本《房产销售高手成交训练》和公开课一样实操性强、可落地，是房产销售人员能够拿来即用的工具书。我相信，这本书能够为我们地产人的销售业绩保驾护航！

——**李文俊** 泰安儒房房地产经纪有限公司总经理

本书是向东老师这些年在不断实践的过程中形成的系统总结，内容非常实用，不管是刚入职房产销售行业的新人，还是熟练的业务员，都可以认真阅读。

——**董 静** 上海住家房地经纪有限公司联合创始人

这是一本优秀的房产销售著作，它能帮助一线的房产经纪人和置业顾问解决很多困惑，值得我们阅读！

——**彭光华** 广州赢房房地产咨询有限公司合伙人

向东老师与我们合作好几年了，这些年推荐给万科等行业龙头企业多期房产销售培训，反馈是一如既往的好。如今出版的佳作《房产销售高手成交训练》是他这些年的房产销售实战经验总结，值得推荐！

——**乐 天** 乐师经纪总经理、房地产讲师网创始人

作为一名从业 12 年的地产人和创业者，我很郑重地推荐这本《房产销售高手成交训练》。回顾自己的地产成长之路，大部分是靠市场的实践摸索

演练，其中曲折，过来人自然可以体会。如果一开始就有这样一本经验之作指导，我肯定会在业务成长上少走弯路。业绩的提升属于业务“术”层面的最终表现，肯定存在它的捷径。愿读者保持空杯心态，重复理论加实践训练，每个人寻求的地产要诀肯定都能够在这本书中找到答案。

——**张志会** 苏州天爵信息技术有限公司总经理

序

向东老师是我见过为数不多的优秀的房产经纪行业培训师，他从一线经纪人开始，做到门店经理，之后自己开店当老板，在行业里摸爬滚打，辗转十几年，积攒了丰富的销售和管理实战经验，最终转型为房产行业实战派专业培训师，为行业的一线经纪人及管理者赋能。

我国房产经纪行业近 20 多年的发展经历了从 0 到 1 的过程，整个行业在政策的影响下起起伏伏，整体呈现螺旋式上升的态势。最初，房产经纪行业的管理模式受港台的管理模式影响，最典型的是中原地产，采用粗放式经营。最近 10 年，房产行业受链家影响，大多采用经纪人合作网络（Agent Cooperate Network，ACN）模式。这种模式坚持以服务为导向，不吃差价，以此推进行业的健康发展。

但是，从中介的角度而言，大部分企业仍然处于初级管理和低效运营的状态，经纪人流失率高。有关统计数据显示，房产经纪人平均在职时间不到 7 个月，大部分中介老板和店长的管理意识和管理能力都不够，经纪人没有专业的培训和带训，门店没有房源和客源的积累及精耕，大部分店长和经纪人不懂得利用管理系统和移动互联网等工具提升自己的管理效率或作业效率，导致人效低下、人走客户房源都会流失。大部分房产中介都在吃行情饭，行情好就做，行情不好就关门歇业或转行。

作为一名互联网行业的老兵，10年前我做过一次调研，发现我国房产经纪行业的作业模式比较传统，管理软件的普及率极低，大部分员工还在使用笔和本管理房源及客源，管理和协同效率极其低下。所以，我决定创立梵讯，希望从IT系统的层面为中介公司和经纪人提供一整套房产信息化解决方案，帮助他们解决内部管理、外网营销、个人效率等问题。经过10年的发展，梵讯已经成为国内领先的房产信息化方案提供商。向东老师从自己的业务和管理经验出发，通过培训和写书为整个行业输出业务经理和管理人才。我们都希望自己能为未来房产经纪行业的发展尽一点绵薄之力，让行业更规范、效率更高，让客户得到更好的体验，“让天下没有难做的经纪人”。

未来经纪人的素质一定要专业化，经纪人要具备专业化的服务能力、新时代的服务意识和高科技含量的服务工具。本书从新时代的背景出发，关注互联网、移动互联网和购房主体人群的变化，内容涵盖了客户增长、带看成交、客户生命周期管理等经纪人的全方位作业，非常具有实战指导意义，可以帮助经纪人进行更专业的作业。目前，很多公司都没有专业规范的培训教材，因此我推荐本书作为店长培训经纪人的标准教材。

Jacky

梵讯网络创始人兼 CEO

目录 Contents

第7章 带看阶段的重要工作

第8章 收取购房意向金并与客户谈判

第 1 章

认清客户开发方式

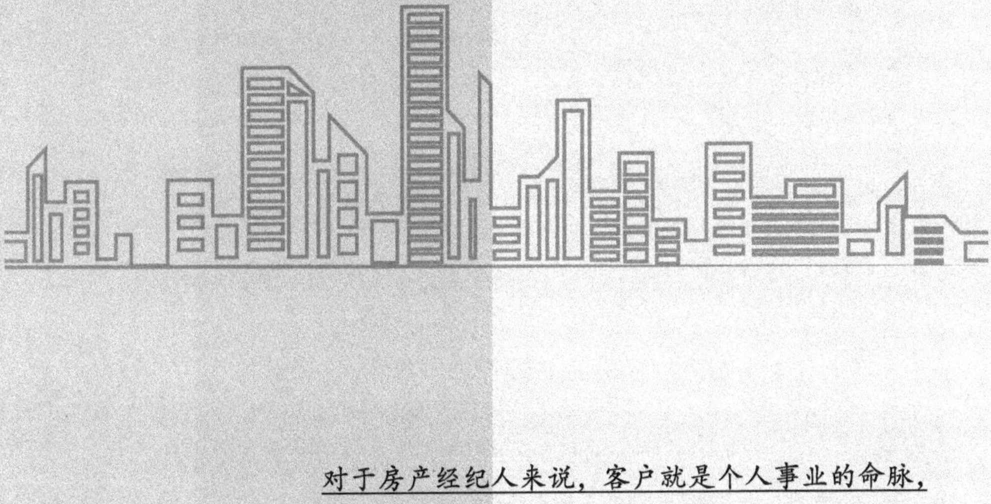

对于房产经纪人来说，客户就是个人事业的命脉，是安身立命之本。所以，客户开发对于房产经纪人的重要性不言而喻。本章就以传统的客户开发方式为起点，介绍客户开发的底层逻辑，最终实现让客户主动来找房产经纪人的目标。

1.1 客户开发的三大传统方式

房产经纪人开发客户的传统方式有 3 种，分别是打电话、驻守派单和网络宣传，如图 1–1 所示。

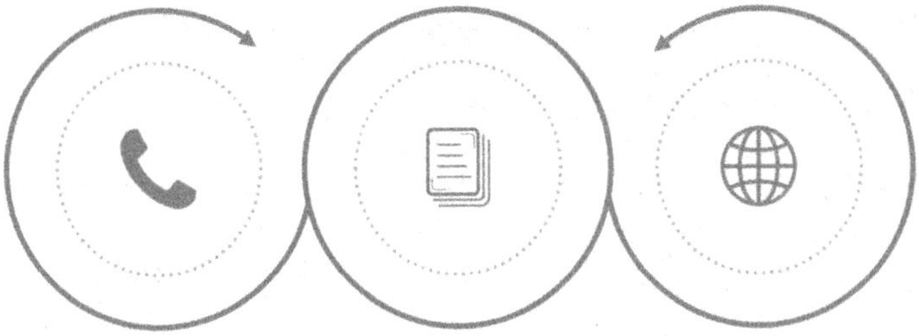

图1–1　客户开发的传统方式

1.1.1 打电话

房产经纪人开发客户的常用方式之一就是打电话。这种方式只需房产经纪人拿起电话，拨通号码，与客户进行一对一的直接沟通。因此，无论是询问客户有无房子要出售，还是询问客户买房的意向，打电话都是非常直接且方便的方式。

打电话非常容易上手，适合新手房产经纪人快速拓展业务。但是，这种客户开发方式已经被广大房产经纪人使用了多年，结果导致“电话满天飞，客户已厌烦”。近几年才入行的新手房产经纪人对此有更深的体会。

案例

小王进公司的第一天，经理点开房源系统对小王说：“小王，这里有一些业主的电话，接下来这几天，你的主要工作就是打电话联系业主，开发房源和客户。”

小王拨通业主张先生的电话说：“张先生，您好！我是 ×× 地产的小王，想问一下您在绿地小区 20 号的房子……”小王还没说完，客户就挂断了电话。

接着，小王又开始打第二个电话。“刘先生，您好！我是 ×× 地产的小王，想问一下您最近有没有投资买房的需要？”刘先生在电话里大声吼道：“没有！你们中介别再打电话骚扰我了，我没有房子卖，也不买房，天天打电话，烦不烦人？”然后就挂断了电话。

几乎所有房产经纪人都体会过这种被挂断电话后的委屈。更甚者，如果经纪人没有控制好情绪，在电话中与态度恶劣的客户争吵几句，一整天的心情都会受到影响。

我问过不少新手房产经纪人第一个月上班做什么，大多数人的回答是“每天会打 10 个小时的电话，而且打电话反复问的问题就是‘请问您要不要买房 / 卖房？’”虽然打电话能够便捷地与客户交流，但多年来众多房产中介公司都使用同样的话术，频繁的电话“轰炸”必然会引起客户的厌烦。一般而言，超过 90% 的客户会在房产经纪人说完开头的几句话后挂断电话，真正有买卖需求的客户少之又少。打电话这种传统的客户开发方式被各家房产中介公司滥用后，客户开发效率越来越低。我们来看一个真实的案例。

案例

深圳一个主要负责写字楼招商的销售团队有 20 人，他们的计划是每人每天打 300 个电话，一天覆盖 6000 位客户，一个月按 20 个工作日计算，团队就有 12 万位客户的覆盖量。加上需要写字楼的大客户本来就少，按照上面的计划，不需要几个月，这个团队就能覆盖国内的大多数大客户。这个计划听起来比较可行，但实际情况并非如此。从该团队的销售结果来看，40 天时间一共开发了 19 位意向客户，其中 11 位客户多次被约看房，但从未到场；而剩下的 8 位看房客户中，只有 1 位成交。

团队计算成本后发现，他们每个月的电话费高达几千元，但这还只是次要成本。开销更大的是员工工资成本，以及人员流失造成的间接损失等。而最大的损失是多次接到房产经纪人电话的客户会变得反感，一听到“写字楼”3 个字就觉得厌烦，房产经纪人打电话覆盖的客户越多，得罪的客户就会越多。

打电话的效果越来越差的原因主要有以下两点：

（1）买房群体发生了变化；

（2）客户获取信息的方式发生了变化。

以前买房的主力军是“50 后”“60 后”和“70 后”，现在买房的主力军是“80 后”“90 后”和“00 后”，后者主要的通信方式是通过微信发信息。这类客户看到陌生的电话号码可能会不予理睬，甚至看到手机屏幕显示“房产中介”就会直接挂断。

1.1.2 驻守派单

除了打电话以外，驻守派单也是较常用的客户开发方式。房产中介门店经理往往会把一些房源信息打印出来，让房产经纪人在附近的小区、商场门口、办公楼进出口及地铁口等地方发给来往的路人。这样做有以下两点好处。

第一，房产经纪人在这些地方能够直接接触到附近的客户，房源信息的推送会更加精准。

第二，房产经纪人可以和客户面对面地交流，更快地和客户建立信任。

目前，驻守派单的效果也越来越差。在智能手机还没有普及时，人们通过报纸、DM 广告的形式获得信息，所以房产经纪人要在人流密集区域把信息传递给客户。随着移动互联网的普及，客户更习惯于通过网络获取信息。

1.1.3 网络宣传

随着互联网的发展，人们开始习惯从网络上获取房产信息。安居客等房产平台已成为客户获取房产信息的常用途径。几乎每一个房产经纪人都会在这些房产平台上登记自己的房源信息，以吸引更多的客户。

多年前，网络房产平台吸引客户的效果比较理想，房产经纪人一天大约能接到 20 个客户电话。而这 20 个电话是主动联系房产经纪人的客户打来的，房产经纪人不需要一个一个地打电话联系，也不需要在寒风中驻守派单，只需要在门店里坐着就会有客户主动来联系。

与打电话和驻守派单一样，随着大量房产经纪人通过网络获取客户，使用网络宣传获取客户的效果也越来越差，同时宣传成本也越来越高。

近几年，对于大部分房产经纪人来说，一个月几百元甚至上千元的广告费仅能换来不到 10 个客户的电话。而且，这笔网络费用很可能是房产经纪人自己承担，只有完成公司的业绩指标才能报销；如果这个月没有什么业绩，仅存的底薪再扣掉网络费用，到手的收入就会所剩无几。

为什么以前通过网络吸引客户的效果好，而现在却接不到电话？对于一些小微房产公司的房产经纪人来说更是如此。主要原因在于网络平台大多数是竞价排名，谁出的费用高，谁就能排在前面。因此，资金雄厚的大房产公司必然占较大的优势，他们会把网络平台第一页排名的前 10 个位置买断。网络宣传上 80% 的客户流量资源被这些大公司抢走，而小公司的网络资源不多，只能抢占剩余 20% 的流量。

打电话、驻守派单和网络宣传的效率越来越低，但现在绝大部分房产公司和房产经纪人还是沿用这些传统方式开发客户，结果是客户越来越少。为了打破这种窘境，房产经纪人也要顺应买房群体的变化和客户获取信息方式的变化，改变获取客户的方式，这样才能更好地在这个行业生存下来。

1.2 连接：客户开发的底层逻辑

我们可以参考两组数据，来认识“连接”的重要性。

第一组是来自链家研究院的关于美国房产经纪人工作年限与年收入中位数的数据。在美国工作年限越长的房产经纪人，工资报酬也越高。工作 16 年及以上的房产经纪人的收入比工作不足 2 年的房产经纪人多 6 倍，如图 1-2 所示。

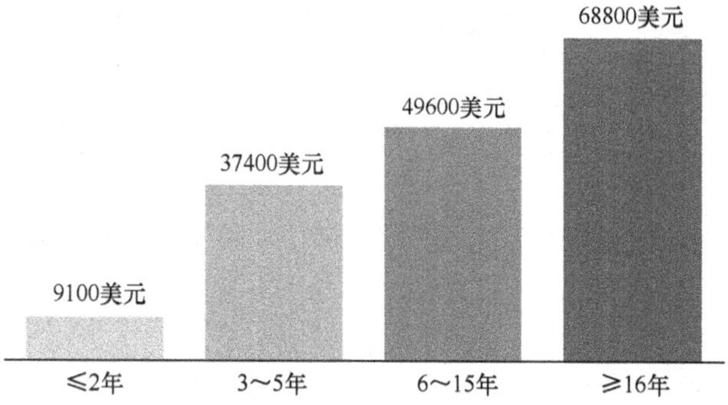

图1-2 美国房产经纪人工作年限与年收入中位数的关系

第二组数据来自我自己的公司。2016—2021 年的统计数据显示，公司业绩收入排前 5 名的房产经纪人都是从业 3 年以上的房产经纪人。从业 2 年以下的房产经纪人平均年收入在 6 万～ 12 万元，从业 2 ～ 4 年的房产经纪人平均年收入在 12 万～ 25 万元，从业 4 ～ 6 年的房产经纪人平均年收入在 25 万～ 40 万元，而从业 6 年以上的房产经纪人平均年收入在 40 万～ 60 万元，如图 1-3 所示。

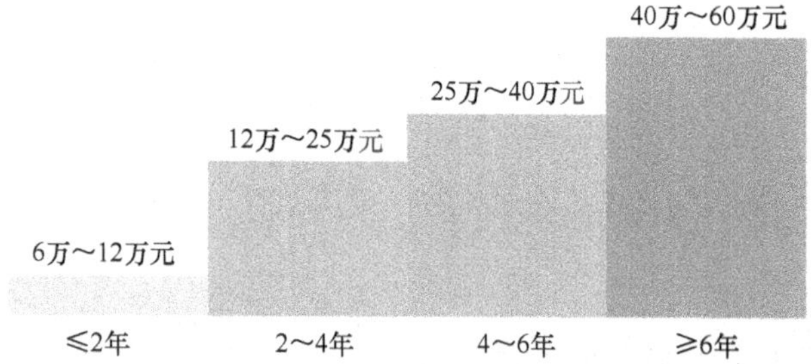

图1-3 我自己公司房产经纪人工作年限与年收入平均数的关系

以上两组数据反映了同一个结论：房产经纪人的从业时间越长，收入越高。有人认为，这两者的关系是因为从业时间长、业务能力提升引起的。但有些房产经纪人悟性高，做一两年后积累的业务能力可比肩做 3 ～ 5 年的房产经纪人，而他们的收入还是不能与这些老房产经纪人相比。在我看来，最重要的原因不是业务能力的差距，而是从业时间长的房产经纪人连接的客户资源多。

例如，做了不到 1 年的房产经纪人获得的比较信任自己的客户有 10 个左右，而做了 3 年、5 年甚至 10 年的资深房产经纪人，其连接的客户可能有 100 个、300 个，甚至 1000 个，每个客户都可能有购买、置换、卖出、租赁的需求。所以，这才是从业时间长的房产经纪人收入高的真正原因。未来，房产经纪行业能赚到更多钱的经纪人必然是更善于与各种客户发生连接的房产经纪人。

既然连接客户这么重要，那么客户是怎样被连接来的呢？我整理了近十多年房产客户连接方式的变化，如图 1–4 所示。

图1–4　近十多年房产客户连接方式的变化

（1）坐销时代

十几年前，房产中介只需要租一个位置较好的门店，客户就会自动上门。那时，房产中介市场竞争少，房产经纪人只需在门店里坐等客户到访即可。这种只要等客户上门的时代被称为“坐销时代”。

坐销时代是通过线下的实体门店让客户来找房产经纪人。因此，坐销时代的连接特点是通过距离锁定客户，而距离也限制了连接的客户人数，有效的连接半径通常小于 1 公里。

（2）行销时代

随着时间的推移和竞争的加剧，房产中介门店越来越多，方圆 1 公里以内可能有 3 家以上门店，甚至可达十几家，上门客户被其他门店分流，所以能连接到的客户也就越来越少。于是，房产经纪人开始主动走出去寻找客户。房产经纪人从门店走出去寻找客户的时代，被称为“行销时代”。

在行销时代，房产经纪人主要在人流量较大的菜市场、公交站、小区门口、商场等地点驻守派单，或者通过上门拜访客户、参加房展会等方式连接客户。行销时代的连接特点是可以直接面对大量客户，但需要较多人力和物力的投入，而且效率特别低。

（3）平台时代

随着互联网技术的发展，房产经纪人进入了通过互联网平台（如 58 同城、安居客、房天下等）获取客户的时代，即平台时代。

客户的时间越来越多地向线上转移，线上逐渐取代线下，网络平台成为新一代买房者获取房产信息的入口。平台时代的连接特点是信息覆盖面广，但客户的信任度低、黏性差。

（4）私域流量时代

随着智能手机的普及和移动互联网的发展，客户开发进入了私域流量时代。什么是私域流量？

- 私，就是房产经纪人自己私有的。
- 域，就是房产经纪人所能服务的人群。
- 流量，就是客户群。

私域流量是指由房产经纪人私有的、能为其带来效益的客户群体，房产经纪人可以反复利用、免费且快速触达这类客户群体。例如，微信就是一个很好的私域流量承载平台，房产经纪人可以反复地通过微信向客户推送信息，而且该方式是免费的，能快速地触达客户。

之所以说连接的第四个阶段是私域流量时代，是因为客户每天在手机上花费的时间越来越多。有关统计数据显示，微信的每日活跃用户量超过 10 亿人，抖音的每日活跃用户量超过 8 亿人。这组数据对于房产经纪人的意义即潜在的买房人群可能出现在这些平台里，房产经纪人需要在这些私域流量平台寻找客户。

案例

南京有一名房产销售人员于 2018 年 9 月开通自己的微信公众号后，通过写文章吸引买房人群，短短几个月吸引了上千个买房客户。之后，他通过创建的 5 个微信群卖出了公司 1025 套新房源中的 90 多套，累计销售金额达 4.55 亿元。

这个案例说的就是增长思维，通过自己的微信公众号为潜在客户提供有价值的房源信息，从而吸引客户主动连接到自己，最后转化成交。

1.3 让客户找房产经纪人：增长思维与传统思维的区别

传统客户开发思维是房产经纪人在客户出现的场景，通过媒介向有潜在需求的客户人群传递广告信息，从而连接到客户。简单地说，就是客户出现在哪里，房产经纪人就要出现在哪里，然后找到潜在客户，把房源信息传递给他。在这个过程中，房产经纪人需要主动找客户，所以注定效率低下。

让客户主动找房产经纪人的思维，称为客户增长思维。客户增长思维是在客户出现的场景，通过媒介为潜在的客户人群提供有价值的信息或服务，吸引客户主动连接房产经纪人的思维。

传统客户开发思维与客户增长思维的共同点在于“客户出现在哪里，房产经纪人就要出现在哪里”；区别在于传统客户开发思维是房产经纪人找客户，把房源信息给客户，而客户增长思维则是通过给客户提供有价值的信息服务，让客户找房产经纪人。

例如，传统客户开发思维是房产经纪人打电话给客户，而客户增长思维则是房产经纪人先加很多潜在客户的微信，然后通过朋友圈发布各种房产交易小知识和附近的笋盘，达到让客户主动联系房产经纪人的目的。它们之间具有以下 4 个不同点，如图 1-5 所示。

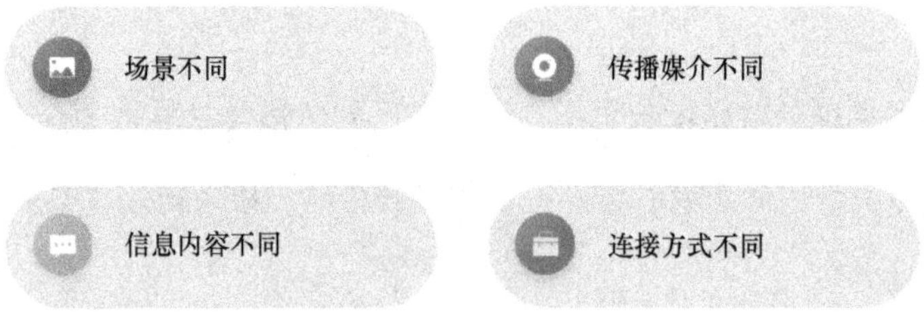

图1-5　传统客户开发思维和客户增长思维的不同

（1）场景不同

传统客户开发思维更偏向于实体空间，如中介门店、小区门口、商场和地铁站等。而客户增长思维更多是在网络和社群空间，如小区业主社群、读书会社群、同学会微信群等。

（2）传播媒介不同

传统客户开发思维的传播媒介是宣传单、报纸和电话等；而客户增长思维的传播媒介则是自媒体传播平台，如微信和抖音等。

（3）信息内容不同

传统客户开发思维传递的信息内容大多数是硬广告，也就是直接传达楼盘信息，希望客户在看到后马上购买。而客户增长思维传递的是对客户有价值的信息，例如，提供专业的买房知识和建议，目的是获取客户的信任，然后向客户传递楼盘的相关信息。

（4）连接方式不同

连接是指房产经纪人与陌生客户从不认识到认识的过程。打电话、驻守派单和网络宣传都是连接客户的方法。传统客户开发思维是房产经纪人逐个连接客户，这种方法连接“80 后”“90 后”和“00 后”购房群体越来越难，而客户增长思维是让客户主动连接房产经纪人。

罗振宇在 2019 年“时间的朋友”跨年演讲里说过一句话：“人和人的连接，正在决定社会财富的创造、分配和转移。”把这句话放到房产中介行业中来，也就是指每一个房产经纪人的业绩不仅取决于自己的业务能力，还取决于自己的人际连接能力。连接，其实就是客户开发的底层逻辑。

第 2 章

私域流量：房产经纪人的第一流量入口

私域流量可以为房产经纪人带来很多好处。本章将重点介绍让陌生客户成为房产经纪人私域流量的 3 个渠道，以及房产经纪人应该如何运营和管理私域流量，从而获取客户的信任。

2.1 私域流量给房产经纪人带来的三大优势

与私域流量相对应的是公域流量。公域流量就是公共的流量，这些流量不是房产经纪人私有的。例如，58 同城、安居客、房天下等平台上的用户就是公域流量，房产经纪人需要付费才能触达客户。

如果把社会比作大海，把客户比作鱼群，那么客户身处社会中，就如同鱼儿在大海里。在公域流量中获取客户，就像大家一起在海里捞鱼，难度可想而知。私域流量则像在大海里拉了一张网，形成封闭的“鱼塘”，房产经纪人可以在这张网里获取客户流量，就像在自家的鱼塘里捞鱼一样简单。

私域流量带给房产经纪人的优势主要有 3 点，如图 2–1 所示。

图2–1　私域流量带给房产经纪人的优势

（1）竞争少

构建私域流量，最常用的工具就是微信。对于房产经纪人来说，私域流量竞争少。在网络平台上，有可能 100 个房产经纪人抢一个客户。但在私域流量池里，客户的竞争就少多了。毕竟一个客户不太可能同时加 100 个房产经纪人的微信。

（2）成本低

除了竞争少之外，私域流量的成本也很低，不需要像网络平台那样竞价排名，甚至可能没有成本。例如，房产经纪人在朋友圈发了一条信息，客户看到后如果有意向，就会直接咨询；交情很好的客户甚至还会帮忙转发，给房产经纪人带来更多客户。

（3）传播快

例如，某个周末的下午，公司出现了一套低于市场价 20 万元的房子，房产经纪人可以马上点对点地把房源信息发给有意向的客户，这仅需要打字的时间。但在公域流量下，房产经纪人必须花钱做置顶或精选，客户才可能从成千上万条房源信息中看到该房源信息，而且客户打电话联系房产经纪人的机会仅有 1% 左右。

相比公域流量，私域流量有竞争少、成本低、传播快 3 个优势。那么，私域流量为什么被称为房产经纪人的第一流量入口呢？这就要分析客户买房的完整流程了。

2.2 客户买房的过程解析

作为一名房产经纪人，基本都对客户买房的 4 个步骤十分熟悉，如图 2–2 所示。

图2–2　客户买房的4个步骤

假设张先生为了结婚要买一套房子，第一步要确认自己对房子的要求，如婚房要多大、大概买在哪个位置等；第二步是根据自己的需求，收集合适的区域楼盘；第三步是将看中的楼盘一一比较，分析利弊；第四步是进行购买和交易。

房产经纪人对这 4 个步骤并不陌生，其中需要深究的是当买房客户确认需求后的第二步——收集信息。收集信息时，客户第一个想到的是从哪里收集信息。很多人会认为，收集信息就是直接打开网页查找房源信息。为此，我特地采访了自己的客户，询问他们收集信息的第一渠道。但是，我在询问了将近 200 人之后发现，客户收集信息的第一渠道竟然是询问身边信任的好朋友。

为什么客户会第一时间想到朋友？因为朋友之间存在天然的信任，一般认为朋友的信息会更可信。相比之下，网上的信息太多且杂，不易分清真假，而如果询问房产中介，他们有可能为了成交而不说实话。所以，客户在确定买房需求后，理所当然的是先问朋友。朋友提供的信息会成为客户做购买决定的重要参考。2019 年底，某机构做了一项关于社会化媒体的调查。数据显示，78.9% 的消费者会向身边的朋友了解产品信息。我在从业的十几年时间里碰到过无数的客户，他们身边总会带着“军师”，但这个“军师”不是特意花钱雇来的，而是买过房的“过来人”。

客户在购房时会先向朋友咨询信息，这与房产经纪人有什么关系呢？如果客户的朋友中有一位是房产经纪人，那么他会更愿意直接询问这位有行业背景和丰富经验的房产经纪人。这就是说，房产经纪人需要通过各种方法让自己成为客户的朋友，客户在有购房需求时会首先想到并询问该房产经纪人，那么客户买房的后两步——评价方案和购买决策大概率就会通过该房产经纪人完成了。而要让这部分客户慢慢成为与房产经纪人互相信任的朋友，房产经纪人就需要提升私域流量运营的技巧。

2.3 让陌生客户成为私域流量的3个渠道

2001 年，美国科学家邓肯·沃茨（Duncan Watts）从 13 个国家招募了 18 个目标人物。他选取的目标人物的职业十分多元化，以尽可能地使得到的数据具有代表性。然后，他在全美国招募了 6 万人，这 6 万人需要将邮件传达给 18 个目标人物。结果发现，一般通过 5 ～ 7 个人，这些邮件就能被送到目标人物的邮箱中。

2008 年，微软根据 MSN 在 2006 年某月所有通过微软网络发送短信的用户地址记录，分析了 300 多亿条地址信息。最终统计得出，多达 78% 的用户平均通过发送 6.6 条短信就可以与一个陌生人建立联系。

2011 年，社交网络巨头 Facebook 和米兰大学以一个月内访问 Facebook 的 7.21 亿活跃用户为研究对象，计算出其中任何两个独立的用户之间所间隔的平均人数为 4.74。美国哈佛大学社会心理学教授斯坦利将这称为六度人脉关系理论（Six Degrees of Separation），即地球上所有的人都可以通过 6 层以内的关系链与任何其他人联系起来。通俗地讲，房产经纪人和任何一个陌生人之间所间隔的人数不会超过 5 个。也就是说，房产经纪人最多通过 6 个人就能够认识任何一个陌生人。

基于六度人脉关系理论，房产经纪人的陌生客户可以是朋友的朋友、房东的朋友、客户的朋友，当然也有可能是朋友的朋友的朋友。为了与陌生客户产生连接与信任，最终成为自己熟悉的客户，房产经纪人就需要分享有价值的信息。房产经纪人成了信息源头，自然会吸引更多客户，客户也成为自己的私域流量。获取陌生客户的方法可以分为线上获取和线下获取两种。

2.3.1 线上获取陌生客户的渠道

现在买房的主力军是“80 后”“90 后”和“00 后”，他们喜欢在线上投入大量的时间。我把房产经纪人会接触到客户的线上渠道分为以下 4 类，如图 2-3 所示。

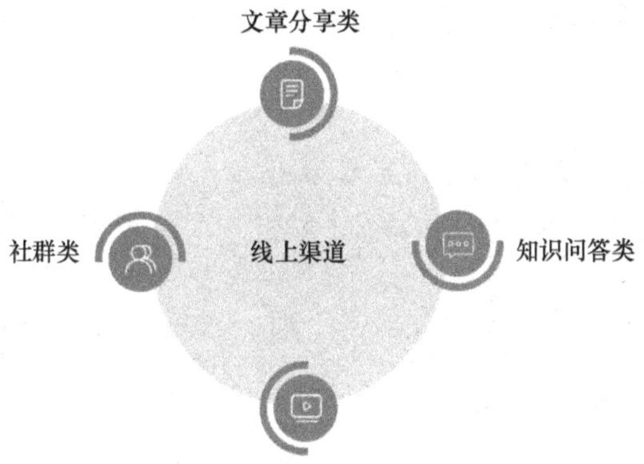

图2-3 接触客户的线上渠道

销售本质上是一对一建立信任的过程，房产经纪人如何在这 4 类渠道中与客户产生连接与信任呢?

（1）文章分享类渠道

文章分享类渠道主要有微信公众号、微博、今日头条和简书等。房产经纪人可以从房地产时事新闻热点和买房选房专业知识及建议两方面发布内容以吸引客户。

房地产时事新闻热点是所有关于房地产政策变化和与房地产相关的新闻热点，如《“房住不炒”对中国房地产的影响》等。

买房选房专业知识及建议涉及的信息面就非常广了。买房的流程十分复杂，涉及的金额巨大。特别是第一次买房者，他们会遇到更多问题。如果房产经纪人能提供独特的建议，并且能帮助客户，让客户信服，那么这些建议在客户做决策时就会有参考价值。例如，什么户型好、首次买房要注意什么、高层住宅选在几层比较好，这些方面的内容可以解决陌生客户的实际问题，那么他们就会对房产经纪人产生“专业”的印象。

有关文章分享类渠道的客户获取，我有过亲身经历。

案例

我从 2017 年开始就总结自己帮助客户买房的经验及相关的专业知识，并整理成文章发布到网上。其中，一篇题为《为什么一定要在北上广深一线城市买房》的文章不到一天的时间，阅读量就突破了 5000 次，留言也有 120 条，并且还有一位读者加了我的微信。

这位读者叫小敏，她说：“看了你的文章，我想把老家的房子卖掉，置换到上海。”但是，我通过交流了解到，她的社保还要再等 4 个月才能满足购房的条件。我针对她的情况给她提供了一些可操作的具体建议。通过这次连接，小敏对我产生了初步的信任，我将她纳入了我的私域流量池。

在等待满足社保年限要求的 4 个月里，小敏准备卖掉老家的房子，我给她提供了很多专业的建议，例如，何时挂牌、挂牌价格多少合适、卖房时要注意什么问题，以及如果客户看中房子，谈合同时要注意什么等。在这 4 个月中，我与她前后打了几十个电话。在满足上海购房的社保要求后第 2 周，她成功地卖掉了自己的房子，并购买了我推荐的一套低于市场价 15 万元的三居室。

故事到这里还没有完，她和她老公拿到房产证后准备装修房子。问题来了，她和她老公都在外企上班，平时经常出差，家里也没有老人能来帮忙照顾装修。于是，她又问我有没有靠谱的装修公司可以推荐。我就把几个很靠谱的装修公司引荐给她，最后她从中选了一个自己满意的。

装修期间，如果她不在上海，我又帮她处理一些装修方面的事情。大概经过 3 个月，装修完成。搬家的前一天，她请我去她家吃饭。这时，我们已经成了好朋友。在接下来的 3 年里，她给我介绍了多位同事，买房成交的有 3 位，卖房的有 2 位，为我公司创造的业绩收入有 43 万元。

（2）知识问答类渠道

客户在买房的过程中会遇到很多问题。除了问身边的朋友，客户还会在网络上找问答平台询问，如知乎、百度知道、悟空问答、安居客的问答专栏等。问答平台是采用“一人提问，多人回答”的形式。在回答问题时，提问者和回答者就产生了互动。如果房产经纪人回答了陌生客户关于房产方面的问题，就非常容易获得其信任。

案例

2019年3月，广州的刘先生想在粤港澳大湾区买房投资，但不知道买哪个。于是，刘先生在知乎上搜索，刚好看到有一位博主回答得很专业，就主动联系他并加了微信。这位博主就是房产经纪人。后来，刘先生又在电话里不断向他咨询一些问题，他都帮助解决了。最后，刘先生通过这位博主买了一套位于中山、价格为150万元的三居室。这整个成交过程就是通过一次网上的问答而促成的。

（3）短视频类渠道

最近几年，房地产市场调控，以及银行的金融政策收紧，导致不少楼盘项目格外冷清。无论是渠道中介，还是房地产营销人员，都能清楚地感受到客户浓厚的观望心态，传统的营销手段似乎失效，获客成本越来越高。

与此同时，短视频和直播正在颠覆传统营销方式，就连高度依赖线下渠道的房地产、汽车、家居等产业也传出不少直播和短视频营销的神话。2019年，不少房地产营销人员先行一步，尝到了甜头。例如，有人通过短视频推广，一场直播活动销售了23套房，净收佣金120万元；有人通过拍摄短视频，一天获得5组高意向客户。

《2019年中国网络视听发展研究报告》显示，截至2018年底，我国网民规模达到8.29亿，其中88%是网络视频用户，约7.25亿。短视频用户的规模最大，约6.48亿。2019年我国短视频用户使用时长首次超过长视频，仅次于即时通信。

短视频的爆发是因为用户的消费习惯正在发生不可逆的转变。碎片化的时间下，用户用于纯文字阅读的时间越来越少，大部分的图文内容正在被更直观、更生动的短视频取代。这正是在最近几年所有内容平台短视频化的重要原因。

案例

长沙有一个名叫大阳的人，从事房地产工作已有 8 年，之前一直在做案场工作，后来自己成立了渠道公司。2019 年 2 月，他开始拍摄简单的短视频。不到一年的时间，大阳就收获了 100 多万名粉丝。他说："每天找我咨询买房的客户不计其数，通过抖音很快便成交了 5 套房。以抖音和快手为主的短视频直播平台，已经成了房产经纪人不可忽视的战场。"

除了抖音，不得不提到微信在 2020 年推出的短视频平台——视频号。背靠 10 亿用户的微信，视频号的浏览量当然是巨量的。朋友圈只能被好友看到，而视频号除了好友能看到，所有的人都可以看到。而且，视频号有以下 3 个特点，如图 2-4 所示。

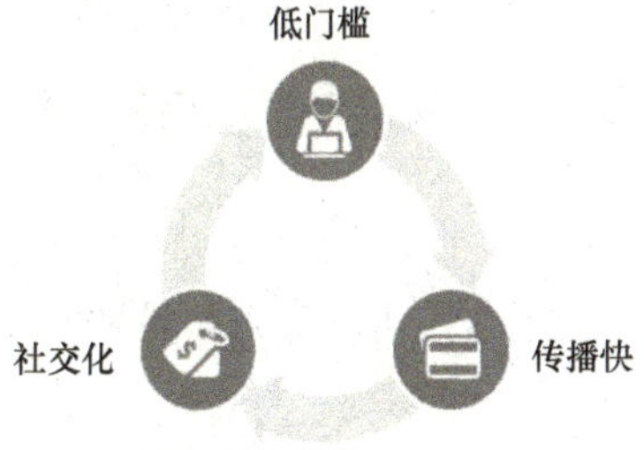

图2-4　视频号的3个特点

首先是低门槛。写长文章发公众号是有难度的，不是人人都能做到；短视频则不然，可以说是门槛最低的创作方式。智能手机的普及，让拍摄短视频的操作变得非常简单。

其次是传播快。视频号的推荐机制比较复杂，简单地说，传播快体现在以下3点。

① 个人订阅。视频号发布后，首先会推送给已经关注的用户。

② 社交推荐。房产经纪人可以主动将视频号扩散到微信群或朋友圈，让更多人点击浏览。

③ 个性化推荐。微信会分析用户标签，进行内容匹配推荐。

最后是社交化。房产经纪人在视频号上发布的视频有可能通过微信群和朋友圈转发扩散，让更多人看到和关注。

（4）社群类渠道

线上空间的最后一类渠道是社群类渠道，常见的有微信群和QQ群等。客户加入社群是基于人们社交沟通的需求和欲望。互联网时代，每个人都已经在不知不觉中被归属于一个或多个社群中，如家长群、业主群、亲友群、学习群、同学群、老乡群、读书群等。房产经纪人需要尽可能地加入这些社群，才有源源不断的客户。那么，加入社群后，房产经纪人如何能够体现自己的价值，让社群里的陌生客户愿意与自己连接，并最终成为自己的私域流量呢？

经过对自己十几年经验的梳理，我将社群吸引客户的方法归纳为以下4点：

① 实时在线，潜在客户在群内有问题，房产经纪人要及时答复；

② 定期分享有价值的房产干货知识；

③ 当潜在客户提出房产方面的问题时，房产经纪人要详细、专业地进行解答；

④ 不定时地发红包，让大家感受到群内的氛围。

文章分享、知识问答、短视频和社群这 4 类获取陌生客户的渠道属于线上。在获取私域流量的陌生客户时，除了线上渠道，也少不了线下渠道。

2.3.2 线下获取陌生客户的渠道

线上获取陌生客户的优点在于覆盖范围广，而线下获取客户的优点在于客户更加精准，因为房地产的区域性很强。例如，一位上海的房产经纪人在网上认识一位想在北京买房的客户，这时想转化成交就比较难。线上和线下各有优点，两者都不可或缺。而且，线下面对面地与陌生客户交流要比在线上与客户连接更容易建立信任感。

那么，房产经纪人要去线下的哪些地方认识陌生客户呢？客户在社会中不是孤立存在的，都是某一个社会组织和团体的一部分，找到组织就能找到他们。这里的社会组织、社会团体主要是指以某一种兴趣爱好或某种共同身份聚在一起的组织，如同学会等，甚至朋友、同事、家人的聚会都是可以的。

以我自己为例。前几年我买了车，通过朋友介绍加入了这款车的车友会。这个车友会基本每月会在线下聚会一次，我每次都会非常积极地参加活动。慢慢地，车友会的人都知道我是从事房产销售工作的，有买房或卖房的需求自然而然地来问我。于是，我就在这个车友会交了十几个关系不错的朋友。不到一年的时间，我就成交了两套房子。

后来，我又发现 4S 店也会组织车主的活动。参加活动后，我觉得 4S 店的活动甚至比车友会的还要好。因为车友会往往只有一种车型，人数也有限，而4S店的活动往往是各种车型的车主都会参加，而且每次参加的人都不一样。对于房产经纪人来说，这是一个非常好的连接陌生客户的渠道。

其实，没有买车的房产经纪人也有很多类似的活动可以参加。例如，2021年，我的同学带我参加了一个残疾人公益活动。我一开始以为这个活动不会有多少人，但结果出乎我的意料，参加的人很多。而且，能够主动参加这种活动的都是比较有社会责任感的人，也是很积极正向的人。对于房产经纪人来说，认识这些人，再通过他们认识新朋友，那么连接到的社交资源将是令人欣喜的。

但是，我不提倡房产经纪人抱着很强的目的性参加活动。我的建议是不管参加什么活动、什么组织，房产经纪人自己要先认同这件事情，那么从这个活动本身就能够获得乐趣。房产经纪人可以根据自己的兴趣爱好参加各种活动，都可以认识不同的人。这样既能丰富自己的日常生活，又能拓展客户渠道，可谓一举两得。

如果实在没有合适的线下活动，那就自己组织活动。这样除了可以认识不同的人，还可以锻炼组织能力。如果觉得自己搞不定，就找朋友帮助。从小规模开始，3～5个人就可以聚一次，只要能坚持下去，人际关系就会越来越广。

法国有一位雕塑家说过："世界上并不缺少美，只是缺少发现美的眼睛。"相应地，房产经纪人不缺少客户，只是缺少发现他们的眼睛。只要房产经纪人用心去发现，哪怕是在早餐店吃早餐碰到的叔叔或阿姨、去理发店遇到的理发师、去银行存钱碰见的客户经理，或者坐出租车遇见的司机，都可能成为房产经纪人的客户。

2.3.3 公司公客池客户的渠道

除了线上和线下获取陌生客户这两个渠道以外，还有一个重要渠道，那就是公司的公客池。

公司会要求房产经纪人把开发的客户登记到房源系统，此时只有开发客户的房产经纪人本人能看到和跟进的就是私客。但是，公司会要求房产经纪人 7 ～ 15 天打电话跟进一次，如果房产经纪人在公司限定的时间不打电话跟进，私客就会进入公客池，转为公客。这时，公司的其他房产经纪人都可以看到客户信息，并且可以自由跟进。

公客池的客户并不是简单的陌生客户，而是较精准的潜在客户，因为公客池的客户是有潜在需求的租客和买客。许多房产经纪人在客户开发过程中遇到单子小、收佣少的客户就不重视，平时维护跟进也不上心。时间长了，这种客户就变成了公客。有些房产经纪人对没有及时成交的客户没有持续跟进，最后会导致这个客户变成公客。这些都是曾经有房产需求或将来会产生房产需求的客户，只是由于某种原因，他们暂时将需求停在那里。这些客户一定会有二次需求。

2019 年 8 月，我公司的房产经纪人小董从公客池里添加了一堆潜在客户为好友。然后，有一个潜在客户看到了小董在朋友圈发的一手房信息。小董通过微信与这位客户沟通后就带去看房。最后，客户买了一套 150 万元的房子。因此，房产经纪人要做的就是把公客池的客户加到自己的微信通信录里，让他们成为自己的私域流量。

除了公客池的客户以外，公司房源系统的其他业主也是非常重要的客户渠道。房源系统的业主分为两类：一类是当前有房在出租或出售的业主；另一类是已经出租或售房的业主。毫无疑问，这些业主都是很精准的潜在客户。现在的市场中置换型客户占到80%以上，即业主是房东，同时也是买房的客户。

公客池的客户和业主是较精准的潜在客户资源，房产经纪人需要尽量多地加到自己的微信通信录里，以建立更有效的私域流量。

2.4 私域流量的管理：微信个人号运营

房产经纪人通过线上和线下的渠道将陌生客户加到微信里成为自己的私域流量后，接下来要做的可不是等客户主动联系自己。在微信里的客户还是陌生客户，房产经纪人需要运营和维护，才能与客户产生连接，从而建立信任。

在微信里，与客户一对一交流、通过朋友圈一对多发布信息已成为房产经纪人维护客户的重要手段，可以直接、高效地触达客户。房产经纪人可以点开联系人直接发送房源信息给客户。同时，客户也有机会刷到房产经纪人发布在朋友圈的房源信息。微信已经成为房产经纪人的展示平台，是房产经纪人与客户连接的“桥梁”，即房产经纪人通过微信连接客户，客户通过微信了解房源信息。

但是，目前很多房产经纪人对微信的认知都存在误区，最常见的就是只在朋友圈发硬广告。例如，“某小区出了一套朝南两居室，速抢！”这样的信息发送多了，客户必定会厌烦乃至屏蔽房产经纪人，房产经纪人就相当于失去了这个客户。那么，房产经纪人要如何运营微信，才能够让微信的私域流量转化为真正的收入呢？

2.4.1 管理微信好友

目前，大多数房产经纪人只是把微信当作通信的工具，而没有形成运营私域流量的意识，也没有管理微信好友的思路。例如，微信里加了近 3000 个好友，可这 3000 个好友只是个数字，房产经纪人对某个好友是在哪里加的、叫什么、有什么需求等都不知道，最终这些好友大多只能沦为微信里的“僵尸”好友。而此时微信也失去了私域流量载体的作用。

房产经纪人可以通过以下 4 个方面管理和运营微信私域流量，如图 2-5 所示。

图2-5　管理和运营微信私域流量的4个方面

（1）备注名

微信提供了给好友设置备注名的功能，这个备注名在微信中会替换好友原有的昵称。也就是说，打开客户的聊天窗口就能看到备注名。所以，它是记录信息的最佳途径。如果不改备注名，房产经纪人添加客户后很容易忘记这个人是谁。例如，一位客户的微信名称叫“汪洋大海”，如果不改备注，一个月后房产经纪人大概不会知道他到底是客户、同行，还是快递人员。

如果房产经纪人备注的是“张先生买徐汇两居室”，那么就能一目了然地知道他是谁、他的需求是什么。如果房产经纪人对所有的客户都这样备注，那么下次有徐汇的楼盘时直接搜索“徐汇”，所有的相关客户就都出来了。而这种简便备注名称的方法就是“姓名＋地区＋需求”。例如，“吴女士嘉定三居室”“赵叔叔虹口两居室”等都是一目了然的备注名称。

（2）标签

除了备注名以外，还有一个利于客户分类的方式，那就是标签。由于微信不能像QQ一样分组，所以房产经纪人只能用贴标签的方式对好友进行分类。

例如，最近出了一套低于市场价10%的急需卖掉的两居室，房产经纪人需要赶紧发朋友圈推送给有需要的客户，可是连发了3条朋友圈都没有人来询问。这么好的笋盘，为什么会这样？因为客户的朋友太多了，一条朋友圈信息很可能已经被埋没在数百条甚至数千条信息里。但是，如果使用了标签，房产经纪人在发朋友圈时@买两居室的客户，所有买两居室的客户就都会被提醒，这样推送笋盘更加精准、有效。

而且，微信提供的标签功能很强大，允许给客户贴多个标签，这样就可以从多个维度定义潜在客户，如租房、买房、出售业主、出租业主；也可以贴上更细分的内容，如投资客、置换、结婚、学区。此外，还可以按户型划分，如两居室、三居室；按价格划分，如租房2000～3000元、买房200万～250万元；按区域划分，如一村的、二村的。

备注名只能是短短的几个字，而标签则可以有更多的分类方法。给客户设置标签后查找起来非常方便。如果有新房源出来，房产经纪人可以很精准地把这个房源点对点地发给相关的客户。除此之外，如果需要发布出租的信息，房产经纪人可以在发布朋友圈信息时屏蔽买房标签下的所有客户（因为有买房需求的客户一般不会有租房需求），这样买房客户不会因为刷到一条自己不关心的朋友圈而屏蔽房产经纪人。通过标签合理地分配朋友圈查看权限，客户看朋友圈时，每次看到的都是他想要的信息，会觉得房产经纪人很懂自己的需求，自然信任感也会加强。

（3）电话号码

除了备注名，房产经纪人还应将客户的电话号码添加进微信里，这样可以快速地将联系信息与客户匹配起来。之所以把电话号码存在微信里，而不是存在手机通信录里，是因为大多数房产经纪人都在用微信与客户沟通联系，如果需要打电话，直接通过微信就可以完成，远比在通信录里找客户的电话号码要更快速、高效。

（4）描述

管理微信号的最后一项内容，也是大家最容易忽略的一点，那就是“描述”。微信提供了可以给好友添加大量文字描述的备注功能。尽管写了备注名、贴了标签、记录了电话号码，但很多详细的内容还是没有办法写到备注名和标签里，所以使用“描述”这种形式可以对客户需求进行详细补充。例如，对于某个网络客户，房产经纪人备注为“张先生买江桥两居室”，然后又贴上标签“价格 300 万～ 350 万元”，但他要什么楼层、是要装修房还是毛坯房、什么时候接电话方便、付款方式有什么问题等，这些无法通过标签说明的信息都可以通过“描述”进行详尽的记录。

2.4.2 微信运营的误区

房产经纪人在微信个人号运营过程中，存在以下两个误区。

（1）非针对性地发送房源

给客户群发房源广告信息，看似广撒网，但是会给客户造成骚扰，留下很差的印象，甚至会被客户直接屏蔽或删除。这与私域流量的运营是完全背道而驰的。

（2）单刀直入

房产经纪人添加客户为好友后，千万不要一开场就迫不及待地卖房，这样会引起客户的反感。因此，房产经纪人要先找共同话题，慢慢打开尴尬的局面。例如，房产经纪人可以翻看客户以前发的朋友圈，了解他经常发什么类型的内容，对哪些事情发表过评论。有些年纪稍大的人喜欢发养生的内容，有些中年人喜欢健身跑步，那么这些就是最好的话题。

2.4.3 微信号设置

微信是房产经纪人直接与客户产生连接的纽带，需要精心设计。微信就像一个线上门店，如果客户看到房产经纪人的门店破破烂烂，一点都不专业，就会怀疑这家门店的专业性，更不会产生信任了。现实中，房产经纪人会把自己线下的门店弄得井井有条、一尘不染，以此为客户提供舒心的服务。但为什么不花点心思把使用频率更高的线上门店，也就是微信，好好整修一番呢？房产经纪人可以通过以下 4 个方面精心设计微信，如图 2–6 所示。

图2-6　精心设计微信的4个方面

（1）微信头像

微信头像是客户第一时间能看到的，也是房产经纪人在发信息给客户时客户会频繁看到的：在微信群发消息活跃气氛、在朋友圈发信息都能看到头像。总之，客户看到最多的就是房产经纪人的微信头像。打开微信，查看微信好友的头像，会发现客户的头像有孩子的照片、有漂亮的风景、有萌萌的宠物，还有高颜值的明星等。但是，这些头像不适合房产经纪人，因为不能让客户立刻对房产经纪人产生好感和信任。为了让客户能快速对房产经纪人产生信任，我建议房产经纪人上传本人真实的形象照，准确地说，应该是高清职业形象照。这些形象照可能不是最帅气的，也不是最漂亮的，但一定是最真实、最专业的。

职业照不是房产经纪人在自己工作的地方穿着工作西装，让同事用手机随意拍的一张，这样的照片太不专业。房产经纪人需要去照相馆拍摄专业形象照片，几百元就能换来客户的信赖，这个费用支出值得。

（2）微信名称

除了微信头像，还需要设置微信名称，毕竟微信名称和头像出现的频率是相同的。如果将微信头像比作房产经纪人线上门店的外在形象，那么微信名称就是这个门店的招牌。但是，房产经纪人设置微信名称时经常存在以下两个误区。

误区一：在微信名称上加自己的手机号。

在微信名称上加手机号的意义并不大，如果潜在的客户有需求，不会复制微信名称中的11位手机号，再进行打电话的操作，而是会直接发微信信息或通过微信打语音电话，毕竟这两种方法更简单。此外，在微信名称中放11位数字的手机号给客户的第一感觉是乱，同时销售的意味太浓会使客户产生戒备心理，很难把房产经纪人当作朋友。

误区二：在微信名称前加很多A。

在微信名称前加A，的确可以让自己排在客户通信录的前面，但这个逻辑是不准确的。因为使用微信的客户在与人联系时通常不是在通信录里找人，而是直接搜索聊天记录。退一万步讲，如果客户要通过通信录才能找到房产经纪人，这间接说明房产经纪人平时与客户互动较少，或者根本没有互动。房产经纪人没有做好客户维护工作，把名字排在前面又有什么意义呢？而且，名字加上字母看起来也较乱。因此，我不建议大家这样做。

到底什么样的微信名称可以给客户留下好印象呢？我的建议是“真实姓名+品牌”。以我自己为例，我的公司名称是住家不动产，我的微信名称是“卿向东－住家”。姓名可以增加客户的印象，而公司品牌可以增加信任感。

需要注意的是，不要将公司品牌放前面。因为同一个公司品牌下的房产经纪人太多了，如果大家都按照“住家－张三”“住家－李四”“住家－王五”这样命名，那么这在客户眼里都是一堆品牌名而已，他们根本不会记得房产经纪人的姓名。所以，微信名称的设置是“真实姓名+品牌”，而不是“品牌+真实姓名”，这样有利于给客户传递真实和可靠的印象。

（3）个人签名

如果说微信头像是线上门店的门面形象，微信名称是门店招牌，那么个人签名就是门店橱窗上的广告语。个人签名是对公司品牌或房产经纪人个人的补充说明，需兼顾好记、能传递品牌价值或公司服务理念的特点。

（4）朋友圈背景图

对于房产经纪人的朋友圈背景图，我们可以将其理解为门店进门的背景墙。因为添加客户为好友后，客户访问房产经纪人的朋友圈，第一眼看到的就是这张背景图。

朋友圈背景图可以是签约时与客户在门店前的合影，也可以是房产经纪人曾经获得的奖励和荣誉照片。在朋友圈放背景图的主要目的是让微信客户看到他人对房产经纪人的认可，以此获取客户的信任。

私域流量运营，运营的不是产品，而是房产经纪人自己。客户只能通过微信这个工具了解房产经纪人，所以不管是发朋友圈还是微信聊天，房产经纪人要做的就是通过这个平台，利用每一次与客户产生连接的机会，让客户对自己产生良好的印象。

第 3 章

房产经纪人与中介门店的私域流量

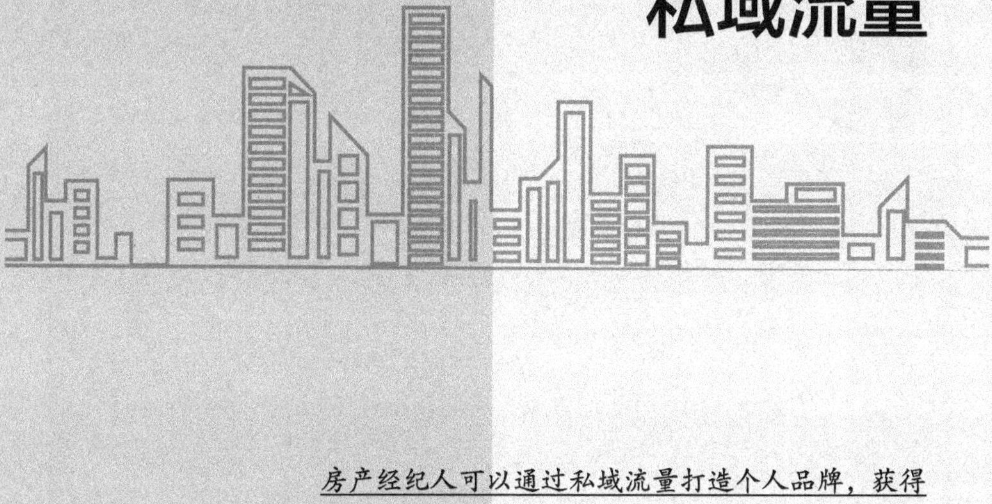

房产经纪人可以通过私域流量打造个人品牌，获得更多客户。微信朋友圈就是一个很好的渠道，房产经纪人要学会运用这个渠道，将公域流量转换为私域流量，经营好客户，从而提升个人业绩。

3.1 房产经纪人通过私域流量打造个人品牌

个人品牌是指个人拥有的外在形象和内在涵养所传递的独特的、鲜明的、确定的、易被感知的信息集合体。下面的故事可以帮助大家形象地理解什么是个人品牌。

有一个姑娘去相亲。第一个男孩说："你和我在一起，我会对你很好，我会努力赚钱，以后我们的生活会很幸福！"第二个男孩说："我有房有车，你和我在一起会衣食无忧，我会很爱你！"最后一个男孩，姑娘在准备去相亲前，就听到街坊邻居谈论这个男孩："小伙子一表人才、很孝顺、上进且有责任心，哪个姑娘和他在一起，一定会很幸福。"

在这个故事中，第一个是销售，第二个是促销，第三个是个人品牌。

3.1.1 房产经纪人打造个人品牌的3点好处

房产经纪人打造个人品牌主要有 3 点好处，如图 3–1 所示。

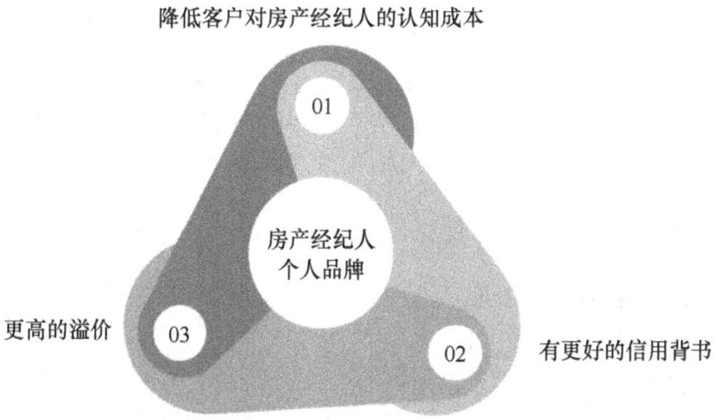

图3–1　房产经纪人打造个人品牌的3点好处

（1）降低客户对房产经纪人的认知成本

有个人品牌的房产经纪人能降低客户对自己的认知成本，客户会通过口碑主动来找他。而没有个人品牌的房产经纪人需要耗费很多时间、精力和金钱让客户找到自己，如投入更多的网络广告费。

（2）有更好的信用背书

有个人品牌的房产经纪人很容易得到客户的信任，而这也正是房产交易的依托。例如，你想买车，可能会第一时间想到奔驰、宝马等质量更好的品牌。由此可见信用背书的重要性。

（3）更高的溢价

同样的房源信息、同样的服务，有个人品牌的房产经纪人可能收取的佣金更多。因为他给客户的感觉十分专业，客户愿意为了房屋交易的安全性支付更高的佣金。

以上3点是房产经纪人打造个人品牌的好处，其核心就是为客户提供价值，让客户产生信赖。很多房产经纪人会问："我能为客户提供什么价值呢？我就是一个中介。"其实再小的个体都有闪光点，都能对别人产生价值。例如，房产经纪人精通买房的方法和技巧，如果能让客户学习并掌握这些方法和技巧，这是一种价值；房产经纪人擅长拍照，让客户看到房产经纪人分享的拍照技巧，这也是一种价值；让客户看到房产经纪人能量满满的状态，这仍是一种价值。任何人都具有可以挖掘的价值。

为了让自己的价值被私域流量里的客户看到，房产经纪人可以采用的最简单有效的渠道就是微信朋友圈。

3.1.2　通过朋友圈为客户提供价值

我在进行培训授课时曾问学员：“朋友圈是用来做什么的？”超过 90% 的学员都会回答：“朋友圈是用来发房源广告的。”如果房产经纪人只将朋友圈当作一个发广告的窗口，那就太狭隘了！朋友圈应该是一个将客户引入私域流量后，房产经纪人向客户展示个人品牌、加强客户信任、协助转化成交的重要窗口。

我的朋友圈里有好几个微商，有些微商天天刷屏，群发信息广告，我二话不说，直接拉黑。因为这些人不但没有给我提供任何价值，还打扰到我了。但是，有一位叫小美的微商，她的朋友圈就像有魔力一样，即使一天发好几条信息，我都会仔细看。这是为什么呢？她的朋友圈有自己健身的照片、自己下厨做饭的照片、和朋友聚会的照片，还有读书笔记，当然也有广告。通过她的朋友圈，我慢慢地对这个人有一些具体的了解——阳光少女、爱健身、美妆达人、厨艺一流、热情好客、平时会卖一些生活用品等。这些信息不是她告诉我的，是我通过看她的朋友圈得到的。而且，这些在我脑海里留下了很深刻的印象。每当我家里要补充一些日用品时，我第一个就会想到她。因为我觉得她就是我的朋友，我信任她。

个人被转化的心理路径可以分解为以下步骤：

（1）她的朋友圈内容很丰富，我不会屏蔽她，甚至会有意识地看；

（2）通过看她的朋友圈，我对她有了更具体的、正面的了解，慢慢产生了信任；

（3）因为信任她，我潜移默化地接受了她朋友圈的广告信息；

（4）基于对她这个人的认可，我认可了她的产品。有需求时，我会第一个想到她，并且购买其产品。如果产品不错，我还会推荐给身边的朋友。

过程如图 3–2 所示。

图3–2　个人被转化的心理路径

她成功地通过朋友圈营销将自己的产品深深植入了我的脑海，而且我一步步被转化，这个过程很自然。在这个过程中，产品本身并不那么重要，产品只在我对她建立信任后才起到作用。所以，朋友圈营销，营销的不是产品，而是房产经纪人自己。

能看见房产经纪人微信朋友圈信息的人肯定都是他的好友，无论是熟悉的还是不熟悉的，朋友圈相比其他推广渠道都占了一定的先机。房产经纪人想要通过朋友圈做营销，他首先要吸引客户，然后塑造个人品牌，与客户互动。也就是先推销自己，再宣传产品，这样会增加客户的信任感。

前文提过，朋友圈不仅是用来发房源广告的，那么还有哪些呢？我根据多年的实战经验总结了 5 类内容，如图 3–3 所示。在朋友圈发布这 5 类内容，房产经纪人的朋友圈不但不会被客户屏蔽，反而会吸引客户，进而让客户产生信任。

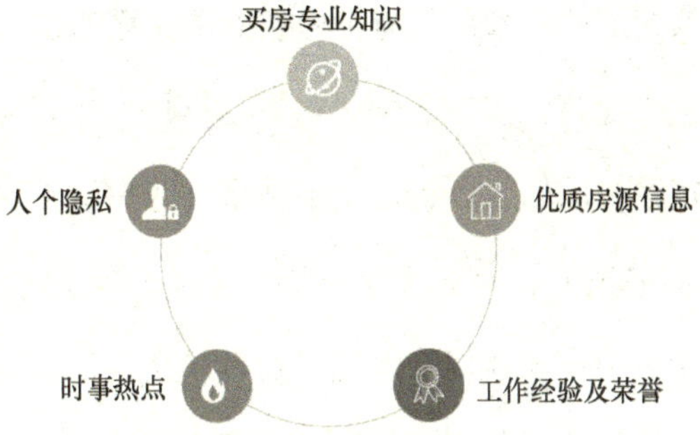

图3-3 适合发朋友圈的5类内容

（1）买房专业知识

在朋友圈分享一些关于买房的专业知识和买房建议是最能体现房产经纪人能力和专业水平的途径，也是在这 5 类内容中最能给客户带来价值的内容之一。

买房是每一个家庭最重要的购买决策之一，交易金额大，流程复杂，客户在这个过程中会遇到很多问题。例如，首次买房要注意什么，首次贷款时哪种还款方式更划算，看房时如何检验房子有无漏水现象，置换是先买后卖还是先卖后买，等等。如果房产经纪人能够经常在朋友圈发布这些专业的知识点，客户很有可能直接与该房产经纪人联系并询问该知识点。这是将陌生客户转化为成熟客户的重要一步。

（2）优质房源信息

在朋友圈发布的房源信息必须要优质。例如，房源的价格竞争力，试想如果同样价格的房子哪里都有，客户为什么看你的呢？如果同区域、同小区的两居室市场价格为 320 万元，而房产经纪人朋友圈发的信息仅为 310 万元，这个信息就非常有价值了。

从形式上，发布的房源信息不能仅是简单平淡的文字描述，而是要用文字加上图片或视频的形式。如果只有“楼层6层，面积70平方米，价格310万元，精装修，性价比高，房东急售……”这样的文字堆砌，整体描述平淡无奇，客户是很难被打动的。而且，文字越多，客户越不愿意看。

在朋友圈发房源信息，首先文字不能太多（6行以内，50字左右），其次卖点要突出，让客户一看就能了解这套房的价值点。例如，上述描述可以改为“房东学区置换，买的房子已付定金，自住两年，30万元的精装全送，同小区、同户型刚成交毛坯房310万元，到价就卖！”挑几个重要的卖点，形象生动地描述出来，让客户感受到价值，这样的信息才能打动客户。

除了文字以外，再配上高清的装修照片、常规视频或VR全景视频，这样就会更吸引客户的注意。

（3）工作经验及荣誉

除了买房专业知识和优质房源信息以外，房产经纪人的工作经验和荣誉也可以增加客户对房产经纪人的信任。例如，企业颁发给业绩做得好的员工的奖励荣誉，这些奖杯或奖状都可以证明房产经纪人积极上进、工作突出。

买房专业知识、优质房源信息、工作经验及荣誉这三个方面全部属于与工作相关的内容，如果房产经纪人的微信朋友圈仅有这部分内容，势必会让客户觉得你是一个只关注销售的房产经纪人。时间长了，客户会认为你就像冷冰冰的机器，很难建立对你的信任。基于此，房产经纪人可以适当发布一些时事热点和个人隐私。

（4）时事热点

房产经纪人在朋友圈发布一些时事热点及自己的看法和观点是非常能引起客户共鸣的，如中国女排夺冠背后的精神等。这种方式会让客户认为房产经纪人是对生活有态度和深度的，而不只是一名销售。房产经纪人在朋友圈营造正面、阳光的形象，打造有水准、三观正的个人品牌形象，可以加强客户对自己的好感。

（5）个人隐私

有一个很经典的观点："隐私的交换程度决定关系的递进速度。"所以，适当地展示一点个人隐私，如家人、生活、爱好等，可以让房产经纪人与客户走得更近。

发一些与家人在一起游乐的视频，展示自己的爱好（如弹钢琴、弹吉他等），或者对最新上映的电影表达个人见解，都是不错的选择。这些可以提高客户对房产经纪人的好感。

房产经纪人从工作、生活、家庭等多维度立体地向客户展示自己，可以让自己从众多同行竞争者中脱颖而出，形成独特的个人品牌形象。需要注意的是，朋友圈的这 5 类内容——优质房源信息、买房专业知识、工作经验及荣誉、时事热点和个人隐私并不是 5 选 1，而是 5 个内容有机地结合，如此才能让客户产生信任。

3.1.3 在朋友圈与客户互动

客户通过朋友圈对房产经纪人产生初步信任后，就会给房产经纪人的朋友圈点赞，甚至提问。这时，房产经纪人要善于在朋友圈与客户进行互动，方法主要有以下 5 种。

（1）用提问句

例如，"哪位有什么好的管理学方面的书籍推荐？"乐于助人的客户看到这个问题就会来回答，这时就产生了互动，客户和房产经纪人的关系就拉近了。

（2）让客户有被关注的感觉

根据马斯诺需求理论，每个人都有渴望被关注和尊重的需求。那么，怎样能让客户感觉到被关注呢？简单地说，就是“点赞不如评论，评论不如转发”。在朋友圈给客户点赞的人很多，如果房产经纪人只是单纯点赞，就会被淹没在几十个甚至几百个赞里。朋友圈里愿意发表评论的人不多，这种方式能让房产经纪人脱颖而出。此外，评论时切忌敷衍了事。例如，当客户发布自己拍摄的照片时，房产经纪人不要单纯地评论“好专业呀”，而是要从光线、意境、构图等方面夸其专业性。这样的评论一方面能投其所好，另一方面还可以体现自己的专业水平，与客户找到共同点。

（3）组织一些互动小游戏

例如，我有一次参加一个年会活动，需要比拼点赞数，我就在朋友圈里留言“凡点赞排名带 8 的朋友，可以得到红包一个”，最后不到 2 个小时，那条留言的点赞数就达到 200 多个。

（4）及时响应和回复

当客户通过房产经纪人的朋友圈提问时，房产经纪人一定要及时详细地回复。例如，客户询问：“这套房的装修怎样？”房产经纪人可以耐心地回答：“这套房已装修 3 年，地板用的材料是全实木，卫生间的家具也是品牌卫浴。”及时解决客户问题的过程就是最好的价值输出。

（5）直接帮助客户

客户有时会在朋友圈发一些需要帮忙转发或投票的内容，如为孩子拉票、工作需要转发等。这是房产经纪人帮助客户创造价值、建立信任的最佳时机。

3.2 房产中介门店的私域流量

房产经纪人要懂得使用私域流量，而房产中介门店的店长也要学会从门店的角度利用私域流量经营客户，从而提升门店的业绩。

3.2.1 公域流量让房产中介门店不堪重负

房产中介门店的店长在使用公域流量时会有很大的压力，因为公域流量弱化了自己门店的品牌。房产中介门店花钱购买的网络宣传服务，把安居客、房天下这样的公域流量平台做大了，反而让客户不容易记住具体的房产中介门店或房产经纪人。例如，你在京东商城买了一套很好的玻璃杯，当朋友问起时，你会告诉他“在京东买的”，而不是告诉他这个玻璃杯的具体品牌。品牌是房产中介门店得以长久发展的保障，而过于依赖公域流量就会使门店的品牌慢慢被弱化，无法被人记住和信赖。

俗话说：“大树之下，寸草不生。”树在生长中会与周边环境的小草争夺阳光、水分等一系列资源，在这场生存竞争中，失败者便会黯然退场。房产中介门店使用公域流量时同样如此，网络宣传平台越来越大，逐渐长成“大树”，而房产中介门店就如同“小草”在慢慢退化，在消亡的边缘徘徊。

而且，传统的公域流量需要支付的网络广告端口费有水涨船高之势，这个费用由谁来支付也存在争议。到底是门店付费，还是房产经纪人个人付费？如果门店全部报销，那么门店的成本势必会大量增加。此时，如果公域流量的网络宣传能大幅度提升业绩，也不会有任何问题。但问题是现在大部分网络宣传效果并不好，投入产出比太低。而如果由房产经纪人自己付费，一个月的费用相当于业务底薪的1/3，会导致房产经纪人的收入减少，容易造成人员流失。房产经纪人的流失对于中介门店来说，除了招聘成本，最大的影响在于客户都在房产经纪人那里，如果房产经纪人走了，客户也会随之流失。

产生这种现象的原因在于，大部分店长对房产经纪人层面的客户资源的管理处在一个真空地带。例如，客户的信息是否登记进了系统；即使客户信息登记上去了，客户的电话号码是否真实有效；即使客户信息真实有效，这个客户处在成交流程的哪个阶段。对于以上问题，大部分店长是一无所知的。所以，只要房产经纪人离职，就会带走一批客户；至于具体的流失数据，店长更是无从知晓。

如果门店和客户的联系只有房产经纪人这一个媒介，那么客户对门店品牌的认知将是一片空白。如果门店除了房产经纪人这个联系的触点以外，还有其他方式让客户感知到门店的服务，客户与门店的黏性便可增加，不会出现“房产经纪人一走，客户也跟着走”的窘境。因此，店长的工作除了拓展业务、增加利润以外，最重要的是稳固自己的基石，要将客户掌握在自己的手中，打造自己门店的私域流量池，而不是让房产经纪人掌握所有的客户信息，将自己的生命线放在他们手中。

3.2.2 私域流量让客户“留”下来

私域流量可以解决客户流量的问题，让流量转化为留存。

通过公域流量平台购买的客户流量像流水一样，他们随时会流走。传统的思维是将这些流量尽最大可能地转化。例如，100 个临时客户中的 5 个转化成了最终客户，门店就会很开心，因为 5% 的转化率在实操中已经很高了。但是，95% 不能马上被转化的临时客户全部浪费掉了，非常可惜。因此，店长一定要通过搭建私域流量池将其留下来，慢慢转化。

店长可以在这个封闭的私域流量池里做更深层次的用户运营、维护，与客户建立关系、达成信任，慢慢地实现转化。如此才能让门店的效益最大化，而且业绩也会呈几何级数地增长。

3.2.3 房产中介门店私域流量的载体

什么是房产中介门店私域流量的载体呢？先来看一些传统的途径。

首先是网站。一些房产经纪公司在早期可能会做自己的网站。但是，网站属于开放的平台，房产经纪人不能及时与客户联系，更不能直接触达客户，即使门店自己做的也属于公域流量。抛开昂贵的推广成本，即使客户点击进去也会很快流走，无法留存。更何况在如今的移动互联网时代，很少有人会守在计算机前浏览网站信息。

其次是手机 App（应用程序）。App 在前几年非常流行，企业不仅可以通过它掌握和管理所有客户数据，还可以随时随地联系客户，直接与客户产生连接关系。但是，App 的开发及获客成本非常高，即使企业花费几十万元做出一款 App，如果不投入大量的推广费用，这个 App 也很难被老百姓知道。此外，房地产属于低频消费行业，客户也许 5 年甚至 10 年只有一次买房的需求。因此，房地产公司自己的手机 App 下载率、留存率非常低。

以上工具不再奏效的原因是客户接收和交流信息的习惯发生了变化。但是，运营私域流量的本质要求没有发生变化，也就是门店要了解客户的需求，不断地用新内容和新服务满足甚至超越客户的需求。而且，门店需要不断更新反馈，响应反馈，从而与客户建立更紧密的关系。

随着移动互联网的发展、微信的应用和普及，微信公众号、个人微信号、微信群和微信小程序这 4 种强关联的载体将是大部分房产中介门店运营私域流量的首选。那么，房产中介门店的店长如何利用微信生态的这 4 种方式搭建私域流量呢?

（1）微信公众号

房产中介最熟悉的是微信公众号，它常用于客户引流。买房涉及的问题很多，它关系到民生，本身就是一个社会热点。房产中介门店可以通过微信公众号发布一些客户感兴趣、有价值的内容吸引客户，如“买房置换的过程中有哪些注意事项”等话题。这些有价值的内容会吸引客户关注门店公众号，对门店的品牌产生认知，再进一步产生好感。

（2）微信个人号

关于微信个人号，前文已经进行了详细的介绍。利用微信个人号，房产中介门店不仅可以实时地与客户互动，还可以沉淀客户、加强与客户的联系，让客户产生信任感，最终完成深度转化。

（3）微信群

除了微信个人号，房产中介门店还可以用微信群作为载体，将众多客户放在同一个微信群内，定期地发布活动，引出话题讨论。在上海，许多房产中介门店都有其直属运营的社群管理专员在各个微信群与客户互动，每天保持群内的活跃度，从而增强客户的黏性。

（4）微信小程序

相对于 App，微信小程序不仅同时拥有 App、微官网的功能体验，而且其开发周期只需要一周；App 的开发成本动辄几十万元，而房产微信小程序的开发成本只需要几千元。因此，微信小程序的制作和运营更简单，成本更低。同时，微信小程序是衍生于微信 App 的，不需要用户额外安装其他应用。

下面通过一个案例说明房产中介门店使用微信小程序作为私域流量载体的优势。

当一个客户问房产经纪人小李有没有合适的房子推荐时，小李将发布在 58 同城或安居客等平台上的房源信息推送给客户。客户打开平台，搜索其他房源，结果看中了另一套房子，接着就联系了其他门店的房产经纪人小红。在这个过程中，小李“成功”地把客户送给了竞争对手小红。由此可见，房产中介门店如果想要把客户留在自己手上，就要先把客户留在自己的平台上。

微信小程序还有“免费流量，自带推广属性”的特点。微信小程序自带了 10 亿免费用户流量，微信的 10 亿用户可以搜索“附近的微信小程序”发现你。与竞价排名不同，附近的微信小程序是按照距离计算排名的，与品牌无关，只与客户的远近有关。这对于中小型房产中介门店来说无疑是一大利好。

在微信小程序的使用规则中，有一条非常有利于房产中介门店的规则，那就是“曾经使用列为第一优先级”。这个规则的价值巨大。

综上所述，房产中介门店用微信公众号获取客户、用微信个人号与客户连接、用微信群增加客户互动和黏性、用微信小程序提供房产服务，这 4 个载体就是房产中介门店私域流量运营的最佳方式。

私域流量是房产中介门店“降低成本，增加效益”的机会。如果房产中介门店想发挥私域流量的直接价值，让私域流量更好地转化，首要任务就是构建属于自己的流量价值体系，包括公域流量的引流，也包括企业自有体系内多触点的流量数据。如果只是单纯做私域流量，对于很多房产中介门店来说是不够的。“私域 + 公域”的组合才能帮助房产中介门店更好地完成营销升级和流量转化，使公域流量的使用更有方向性，同时让私域流量池可以持续不断地运转。

第 4 章

洞察客户需求，提高客户购买意愿

通过私域流量将陌生客户转化为熟悉的客户后，接下来就是要将客户的购房需求转化为真正的购买行为。

什么是需求呢？“现代营销学之父”飞利浦·科特勒所著的《营销管理》中解释，需求是指人们有支付能力并且愿意购买某个具体产品的欲望。应用于房地产行业中，客户的购房需求就是指客户有支付能力并且愿意购买房产的欲望。

4.1 客户需求的3个特点

许多房产经纪人经常会抱怨，有时一周给同一位客户打 5 次电话推荐房源，但就是无法约到客户看房；有时自己一个月带同一客户看了 20 套房，但没有一套是客户满意的；有时带客户看了一套自认为很适合客户的房子，看完后又推销了 2 个多小时，但客户还是说要回去再考虑一下。为什么会出现这些情况？原因正是房产经纪人不了解客户需求，就像医生在不了解病人病症的情况下一股脑地把所有的药都给病人吃，非但不能解决病人的痛苦，还可能危及病人的生命。

那么，房产经纪人怎样才能深入了解客户需求，做到“对症下药”呢？我们首先需要了解客户需求的特点。

客户需求具有以下 3 个特点，如图 4–1 所示。

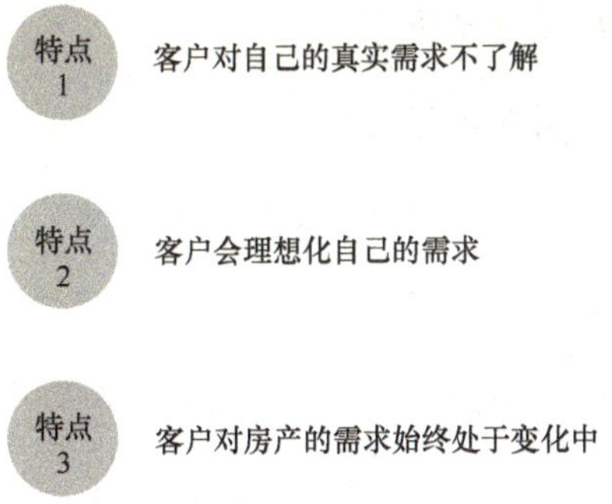

图4–1　客户需求的3个特点

4.1.1 客户对自己的真实需求不了解

客户都会以为自己是最了解自己需求的人，但事实上很多客户并不清楚自己究竟需要什么。客户说出来的需求往往是模糊不清的，可能每个房产经纪人都经历过类似的对话。例如，问客户要几房，客户说“两居室和三居室都行”；问客户是要装修好的还是要毛坯房，客户说“都可以”；问客户要什么朝向的房型，客户说“都行”。结果问了十几个问题，客户还是不能清晰地描述自己的需求。沟通完之后，房产经纪人会感觉市场中 90% 的房源都能够满足客户。但是，这样需求不清的客户往往更难成交。

100 多年前，福特公司创始人亨利·福特先生做市场调研，他询问了许多客户：“您需要一个什么样的更好的交通工具？”几乎所有人的答案都是“我要一匹更快的马”。大部分人听到这个答案，会立刻去马场选马配种，以满足客户的需求。然而，福特先生却没有这样做，而是接着往下问。

福特：“你为什么需要一匹更快的马？”

客户：“因为可以跑得更快！”

福特：“你为什么需要跑得更快？”

客户：“因为这样我就可以更早地到达目的地。”

福特：“所以，你需要一匹更快的马的真正用意是？”

客户：“用更短的时间、更快地到达目的地！”

然后，福特就发明了汽车，很好地满足了客户的真实需求。

这个故事告诉我们，我们需要挖掘客户真正想要的东西，而不是停留在客户的语言表面，傻傻地去找一匹很快的“马”。

乔布斯说：“消费者并不知道自己需要什么，直到我们拿出自己的产品，他们才发现，‘这是我要的东西’。”在房地产行业也是如此。例如，客户说“想买一套 90 平方米的三居室”，房产经纪人需要深思：客户为什么要三居室？为什么是 90 平方米？三居室，可能意味着家里居住的人多；面积不大，可能是客户的预算不高。但是，如果房产经纪人按客户的要求去找，然后发现市场上找不到这样的房子，那该怎么办？房产经纪人可以尝试根据客户居住人员多但预算有限的情况，推荐一套稍大一点的并可以改成三居室的两居室户型给客户。

4.1.2 客户会理想化自己的需求

买房客户会理想化自己未来家的场景。我问过很多购房者，他们想要的房子是什么样的，很多人的描述大致相同：都市里户型好、面积大、景观好、价格又便宜。但这样的房子，市场上有吗？基本没有。客户这种理想化自己需求的情况，主要是因为他不了解市场上在售房屋的具体信息。例如，上海市嘉定区江桥板块区域 90% 的房屋是动迁房，绝大部分两居室的面积是 70 ～ 75 平方米，三居室的面积是 90 ～ 100 平方米。一个从上海市徐汇区过来看房的客户要求房产经纪人为他找 80 ～ 90 平方米的两居室，这就是客户理想化自己需求的表现。

4.1.3 客户对房产的需求始终处于变化中

房子到底是什么？房子是一个空间，它可以是一间房、一个平层，甚至一栋别墅，具有使用价值和交换价值。

使用价值，意味着房子是居住或生产的地方。它被用于满足人们生活的基本需要，人类某些活动会发生在这个特定的场所内，人类从出生的那一刻开始就离不开它——睡觉在卧室、吃饭在餐厅、做饭在厨房。而且，它不像其他商品一样会被取代，它是一直被需要的。

交换价值，意味着房产可以被用于购买、销售或出租给其他人以获取利润。客户对房产的需求会随着时间的推移而不断变化。

案例

客户小张在22岁时从老家的大学毕业，来到上海找工作。初到这个陌生的城市，他首先要做的就是租一个房子安定下来，于是租房的需求就产生了。

小张租好房后，变成了暂时没有购房需求的客户。几年后，小张和女朋友决定结婚，开始商量买套婚房。但碍于预算有限，而且房价上涨快，小张决定先买一套小点的一居室。此时，小张的需求发生了变化，他变成了买房客户。

结婚两年后，小张的小宝宝出生了。小张夫妻要上班，需要把家里的老人接过来照顾小孩。这时一居室肯定不够住，于是小张决定置换一套大点的两居室。这时，小张的需求变成了两个：一个是卖房，另一个是买房。

到这里就结束了吗？当然没有。当小张换了两居室以后，随着孩子慢慢长大、开始读书时，为了能让孩子离学校近一点，这时他可能又要置换。

等孩子长大、参加工作后，小张又要为孩子准备一套房，用于结婚。这个过程中随着小张的收入不断增加，为了让资产升值，他可能选择将手上闲置的资金拿来投资不动产。

客户小张从大学毕业租房到买房的需求路径，完美演绎了客户对房产的需求是一直变化的。

4.2 房产经纪人如何洞察客户的需求

既然客户对自己的真实需求不了解、会理想化自己的需求，并且需求会持续变化，那么房产经纪人应该如何尽可能多地掌握客户的需求，从而达成交易呢？这就需要房产经纪人在与客户接触的过程中收集客户的信息，从收集到的信息中精准分析客户的痛点，进而抓住客户的核心需求。

我将房产经纪人掌握客户需求的过程分成以下 3 步，如图 4-2 所示。

图4-2　房产经纪人掌握客户需求的步骤

4.2.1 收集信息

房产经纪人每次与客户接触的过程，都是了解客户信息的最佳时刻，如家庭人员情况、家庭收入、工作单位性质、公积金多少等。房产经纪人对这些情况越清楚，就越能把握客户的需求。

除了询问和尽量多地带客户看房以外，在客户看到真实的房源时，房产经纪人还要让客户慢慢讲清楚自己的真实需求。例如，要房间多还是要房间少？要电梯房还是要楼梯房？要毛坯房还是要精装修？要高层还是要低层？

这些信息在客户看了 3～4 套房源后，房产经纪人将会逐渐清晰，推荐的房源也会越来越精准。

案例

房产经纪人小王接到客户李先生，他的需求是想在上海江桥附近买一套价值 280 万元的两居室。这个价格的房源在市场上不多，两居室普遍都要 300 万元左右。小王打电话给李先生，推荐了两套 300 万元左右的房子。但李先生都觉得价格太高，不想看房。

于是，小王问："为什么最高预算是 280 万元？"

李先生："我首付不够。"

小王："首付现金有多少？"

李先生："90 多万元，多了拿不出来，买不起。"

一周后，小王找到了一套位于一楼的价格 280 万元的房子。李先生看过后表示一楼的采光不好。之后，小王又与李先生沟通："你的预算能不能提高一点？"

李先生："不能再提高了，去年刚还完老家房子的贷款。"

小王："老家是哪里的？房子价值多少？"

李先生："安徽合肥，那套房子价值在 150 万元左右。"

小王："那你们家现在收入情况如何？"

李先生："两个人一起，一个月 3 万～4 万元。"

小王得到这个信息后提出了一个解决方案：客户可以把老家的房子做抵押，贷款 30 万～50 万元，这样房子的预算就调整为 310 万～330 万元，房源的选择空间就大了很多；而且，买房的贷款可以多贷一点，因为两人的月收入较高，有不错的还款能力。最后，小王成功地帮客户买了一套价值 328 万元的房子。

小王之所以能够做到快速成交，就是因为他在带看房子和多次沟通的过程中了解了更多的客户信息，并且抓住了关键需求点。

4.2.2　甄别核心需求

买房客户的需求分为核心需求和非核心需求，如图 4–3 所示。

图4–3　客户需求

客户往往会进行权衡，对需求排序。某些需求需要优先满足，这类就是核心需求。而那些可能舍弃的需求，就是非核心需求。有子女的家长的核心需求可能是房屋的地理位置，房子必须是学区房，而户型、楼层、小区环境等都是其非核心需求。对于意在改善生活、没有小孩入学要求的人来说，核心需求可能是开发商品牌，以及房子的面积、户型、环境等，而是否属于学区则是其非核心需求。

对于想购买一楼的客户，房产经纪人首先要分析其潜在原因。如果是老龄客户为了养老，觉得一楼出入最方便，那么其核心需求就是出入方便。如此一来，电梯房也可以满足此类客户的需求。因为电梯房出入同样非常方便，而且高层电梯房采光好、环境安静，比较宜居。一楼虽然出入方便，但是存在潮湿、环境差、蚊虫多、不安静等缺点。

同样，有些客户想买一居室，其核心需求是投资保值，那么有没有可能推荐一个价位差不多、但地段稍远一点的两居室呢？有些客户想买南北通透的户型，其核心需求是通风，那么有没有可能推荐一个前后无遮挡、采光好的双南户型呢？有些客户想买三居室，其核心需求是房间多，那么能不能推荐可改三居室的大两居室呢？

房产经纪人一旦确定了客户的核心需求，就可以给客户推荐符合其核心需求的房源，而不是局限于客户口中所说的具体房源要求。如此一来，房产经纪人的成功概率会成倍增加。

4.2.3 引导客户非核心需求

很多房子是可以满足客户购房的核心需求的，但无法满足客户的非核心需求，客户往往会理想化自己的需求，这样导致可选择的房源数量特别少。这时，房产经纪人就要做好一件事情——合理引导、转换客户的购房要求，才能获得更多的成交机会。

那么，房产经纪人如何引导客户的非核心需求呢？这就不得不提到我门店的房产经纪人小李了。

案例

去年 10 月，小李的客户刘总为了给孩子创造更好的成长环境，想用 90 平方米的两居室置换一套 130 平方米左右的三居室。当时，刘总的孩子 12 岁，刘总要求学区房，还要求小区环境好、房子是有电梯的高楼层，最好还是近 3 ~ 5 年装修完毕的精装修房源，可以直接拎包入住。根据刘总的需求，小李带他看了 20 套房，始终都有或多或少的不满意。刘总不是很满意，所以一直没有定下来。

突然有一天，小李再联系刘总时，刘总表示房子已经定了，感谢小李这一段时间的辛苦带看。小李问刘总最终定了什么样的房子，刘总说："其实就是你之前带看过的户型。"小李清晰地记得当时刘总不满意的原因是觉得两个次卧太小了。但刘总为什么最终决定在那里买房呢？原来是另一位房产经纪人在与刘总接触的过程中，了解到刘总的太太是一位全职家庭主妇，并且孩子爱好运动，尤其喜欢打网球。在一次带看时，那个房产经纪人请刘总带着他的太太和孩子一起来看房，让刘总一家人在小区里走了一圈。刘总的太太对小区的整体环境非常满意，孩子看到小区里的网球场也特别喜欢。于是，刘总一家人讨论后，觉得户型的问题也不是那么重要，就决定购买了。

这个案例中，小李为什么失败了？其实就是因为他没有适当地引导刘总购房的非核心需求。而其他门店的房产经纪人却很好地通过一个网球场对客户进行引导，完成了一笔收入可观的订单。

4.3 房产经纪人分析客户需求的3个误区

了解了客户需求的 3 个特点，实践了分析客户需求的 3 个步骤后，许多房产经纪人就认为自己已经完全了解客户，可以将客户的需求转化为真正的购买行为。但事实并非如此。在我十几年的房产交易和培训经验中，我发现许多房产经纪人分析客户需求时有 3 个误区，如图 4-4 所示。

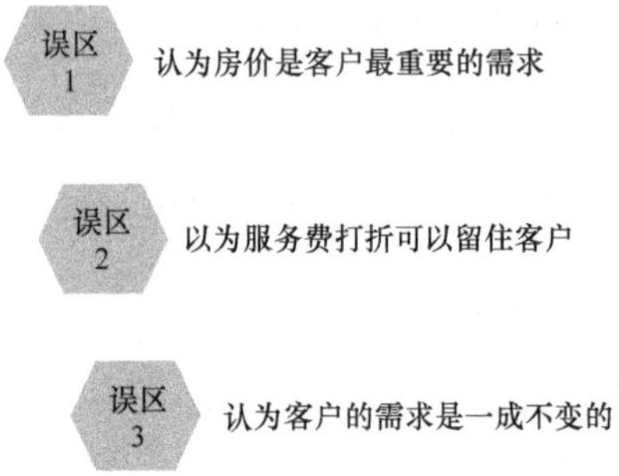

图4-4　房产经纪人分析客户需求的3个误区

（1）认为房价是客户最重要的需求

房产经纪人都知道，成交中最关键的就是满足客户需求。但在定义客户需求这个问题上，有些房产经纪人有一个很大的误区，即认为房价是客户最重要的需求。其实并不然，为什么呢？

首先是房子的物理属性不会变化。小区不会搬、面积不会变、楼层不会移，这些物理属性是难得的、稀缺的。一个客户需求的房子会有很多竞争者，对于房产要求非常明确的客户会适量降低其价格需求。例如，客户李阿姨想买中房公寓 10 号楼的朝南户型，等了 3 个月，终于出来了一套房子。但是，房价比市场价贵 10 万元，超过了李阿姨的心理价位。与房东商谈了一周，价格谈不下来。第二次面谈时，房东终于开口降了 1 万元。虽然仍然比市场价多 9 万元，但面对自己心仪的房子，李阿姨还是咬牙买下来了。由此可见，如果是客户内心真正想要的房子，价格是可以浮动的。

其次是逻辑问题。房产经纪人先解决了客户的需求后，才会谈到价格。客户看不中房子，双方就根本不会到谈价的阶段。这一点在二手房交易中尤其明显。很多房产经纪人在还没有真正确认客户意向时就与业主谈价格，结果有时价格谈下来了，但客户却不要了。这样的事情屡见不鲜。所以，房产经纪人需要先弄清楚客户的需求，也就是弄清楚客户为什么要买房。是孩子上学需要还是改善居住环境需要，是要结婚买房还是为了投资，这些需求才是第一要素，而价格应该是第二要素。

（2）以为服务费打折可以留住客户

很多房产经纪人带客户看过几次房后，客户仍不满意，由于担心客户通过其他中介购买，就会示意客户："你在我这里买，服务费打折。"这个想法是露怯的表现，客户不会因为降低了中介服务费就轻易放弃自己对房子的需求。所以，清楚地知道客户需求并予以解决才是留住客户的最佳方式。

（3）认为客户的需求是一成不变的

很多房产经纪人觉得客户的需求是一成不变的。在获知客户的需求后，他们发现现有的房源不能与客户的需求匹配，就会等待市场上出现新的与客户需求匹配的房源。可是没过多久他们却发现，客户已经在其他门店买了，而且彼时客户买房的需求与原先的需求不一样。

例如，客户张阿姨一开始明确表示："先把现在住的市中心的三居室卖掉，然后买一套附近的四居室。"经纪人经过了解发现，她是想跟儿子住在一起，所以希望房间多一点。可是现在附近小区的四居室暂时一套都没有，难道他要一直被动地等下去？于是，房产经纪人就帮她分析三居室的优势：三居室可以改成四居室，而且布局南北通透；现在刚好有一套急于出售的三居室，并且比市场价低 10 万元；小区里其他四居室的朝向都偏东西方向，卫生间采光不足。听了房产经纪人的分析，张阿姨果断地买了他推荐的那套三居室。

如果一直单纯地追求寻找完全符合客户需求的房源，那么房产经纪人就可能无法成交。而张阿姨可能会在其他门店交易，也有可能因为等待，最终错过了置换的最佳时机。

第 5 章

根据客户需求提供解决方案

了解客户需求的特点、房产经纪人洞察客户需求的3个步骤及分析客户需求的3个误区后，接下来房产经纪人要做的就是根据客户的需求给客户提供具体的房源。业内人士会将这个过程称为“配盘”，也就是从房源系统里找到与客户匹配的房源，然后推荐给客户。这没有任何问题，但我们还要认识到，客户购买的不仅是产品，还是用来满足需求的整体解决方案。

5.1 四大类客户的解决方案

例如，有人想要购买一个 6 毫米的钻头，他想要的仅仅是一个 6 毫米的钻头吗？实际上，他想要的是一个 6 毫米的孔，而一个 6 毫米的钻头只是解决方案的一部分，也许他还要配一个专用的电钻；为了防止瓷砖在打孔时被打破，他还要再买一个玻璃钻头，这些都是解决方案的组成部分。当然，如果他看到有工人报价“打孔 10 元”，那么这些他都不用买了，直接让工人来家里打孔就行。这个工人提供的打孔服务就是解决方案，而客户起初想要买的 6 毫米钻头还要继续躺在五金店里。

大部分房产经纪人以为匹配需求就是提供房源信息，这是片面的理解。房产经纪人不应只是提供房源信息，还应提供需求解决方案。例如，客户的需求表面上是购买一套价值 200 万元的两居室，那我们就只是给他提供一套房源吗？当然不是，我们要根据客户的核心需求为他匹配更合适的房源，并根据他的支付能力帮他设计贷款方案、考虑每月还款是否会给客户带来压力、他是否留有足够的余额进行装修和购买家具等事宜。这些都是房产经纪人需要为客户提供的解决方案。

房产经纪人为什么不应该简单地配盘，而应该为客户提供解决方案呢？答案很简单，就是从客户的角度思考问题。房产经纪人能为客户解决问题，而且比别人解决得更好，客户才会愿意为专业付费，交易才会达成。所以，房产经纪人利用专业的房地产知识帮助客户梳理需求，提供解决方案，才是房产经纪人安身立命的根本。

基于此，房产经纪人怎样才能根据客户不同的需求提供相近的解决方案呢？我根据客户的购买意愿和支付能力，将客户分为 4 个象限，如图 5–1 所示。

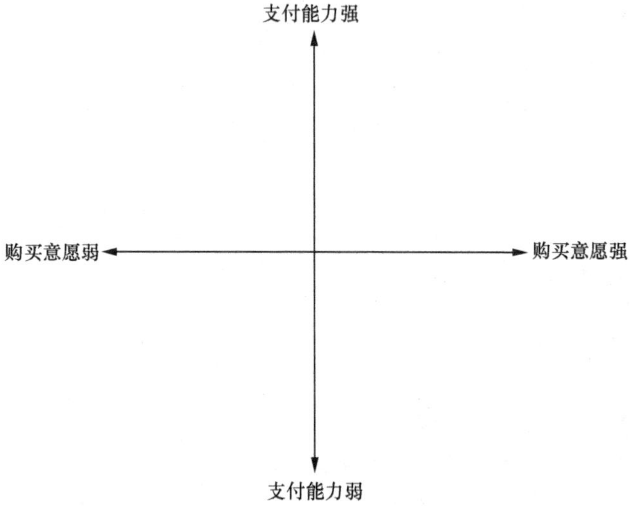

图5–1　客户分类四象限

在这 4 个象限内，代表性客户分别是刚需客户、投资客户、改善客户和潜在客户，如图 5–2 所示。

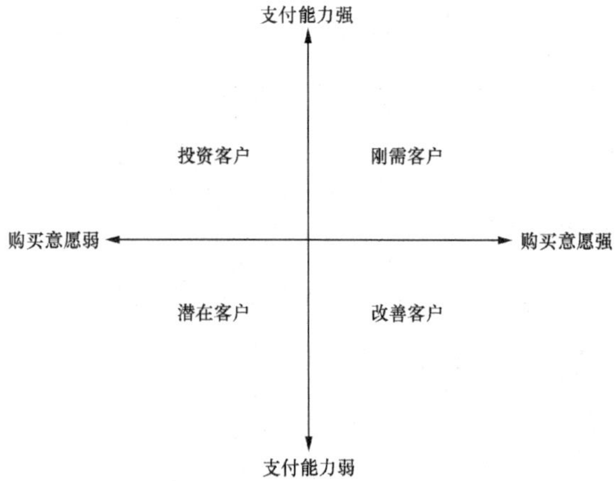

图5–2　四象限的代表性客户

5.1.1　购买意愿强、支付能力强：刚需客户

购买意愿强、支付能力强的典型代表是刚需客户，该客户群体有以下 4 个基本特征。

（1）首付有限

刚需客户特别看重首付和月供，因为他们的储蓄有限，往往需要双方父母支援，才能够凑齐首付。

（2）比较注重交通和生活环境

刚需客户大多数是上班族，买房的主要目的是自住，他们想通过买房减少房租成本，同时不影响自己的生活品质。对于上班族来说，他们大多数最看重的就是住房到地铁站的距离。所以，沿着地铁线找房几乎是客户常态。此外，地铁周边的配套设施往往较齐全，生活气息浓厚。

（3）比较注重装修

一般刚需客户手里的现金有限，所以会选择精装修的房子。这样不但可以省钱，还可以节省时间和精力。他们可以等经济实力雄厚以后再考虑自己装修。

（4）主要是大学生落户、白领阶层生活及婚房需求

大学生落户往往是通过父母支付首付，以便在城市安居下来。一般白领阶层想通过自己的奋斗拥有一个小家，不希望自己在疲惫时没有归宿。而结婚购房的客户就更多了，该群体考虑到双方的安全感、双方父母的顾虑及将来的孩子，都会需要一个稳定的环境。

刚需客户对价格不太敏感，能够接受市场价，甚至能接受比市场价高一

点的价格。对于这类客户，房产经纪人重点需要找到他们的核心需求，如户型、楼层、地段和小区环境等。

案例

客户张先生在上海奋斗了5年，找了一个女朋友，准备买房结婚。两人想买一套两居室。当时两居室的市场价格约220万元，房产经纪人小李带他们看了3套房。最终，他们看中了一套总价250万元的装修婚房。虽说贵了一点，但这个房子是婚房装修，使用不到2年。首付需要87.5万元，但他们当时一共只有70万元。首付不够怎么办？小李就开始替他们设计解决方案。小李让女方把老家的房子作为抵押，贷款20万元，这样就解决了首付的问题。小李还向他们说明："如果买其他房子，重新装修也需要花费20万元左右，并且需要2个月的装修期和1个月的空置期。买这套房不仅节省了装修的时间和精力，业主还愿意赠送家具家电。"小李从客户的需求出发，提供了完整的解决方案，马上赢得这对夫妻的信任，不到1周的时间就完成了这套房的交易。

面对刚需客户群体，房产经纪人在提供解决方案时要注意以下3点。

（1）刚需客户决策人有时不是他们自己

刚需客户群体的首付往往会借助家庭，所以房产经纪人一定要问清楚首付的来源。在客户看中房子后，双方进行转化沟通时，房产经纪人除了与客户沟通，还需要与客户的决策人进行沟通。毕竟虽然喜不喜欢是刚需客户自己定的，但买不买还是要看出资者——刚需客户的父母等。

（2）刚需客户的成交周期一般比较短

刚需客户一般有明确的目标。例如，在三四月看房的小夫妻，通常婚期就在当年年底，算上装修和空置的时间，客户至少在 5 月底前就要完成购房。

（3）刚需客户的延伸交易量大

刚需客户群体是客户需求的第一个阶段，如果第一套能在某个房产经纪人手上顺利购买，那么后期的需求产生时，客户大概率会找同一个房产经纪人再次交易。

5.1.2 购买意愿弱、支付能力强：投资客户

购买意愿弱但支付能力强的典型代表就是投资客户。投资客户是指通过购买未来可能会升值的房产，然后在合适的时间卖出，从而赚取中间差价的客户群体。

投资客户具备以下 4 个特征。

（1）无住房需求，投资决策时间较长。投资客户通常已经有自住房产，所以不着急买房。

（2）资金比较雄厚，首付不是问题。投资客户通常具有充足的现金流，或者调动现金的能力。例如，可以抛售持有的股票、基金，或者把已有的房子抵押贷款或变卖，将房子变成现金。投资客户通常不担心首付问题。

（3）具有成熟的购房经历，知晓交易流程。由于大部分投资客户已经购买过房产，所以他们对交易流程非常熟悉。这对于房产经纪人来说是一件好事，可以省去讲解交易流程的时间。而且，投资客户一般看好房地产这个领域的发展前景，对局域市场有自己的判断，能够及时出手，并在时机成熟时

出售套现，获得巨额的收益。

（4）注重房源的投资回报率。投资客户的核心需求是房子的升值空间，而不是房子的户型、楼层等。升值空间涵盖了附近的交通配套、物业配套、商业配套和市政规划等。哪怕是一楼的房产，只要有利润空间，他们都会考虑。

以上是投资客户的 4 个基本特征。如果房产经纪人能够了解投资客户的真实需求，再提供符合客户需求的解决方案，双方就能快速成交。

面对投资客户群体，房产经纪人在提供解决方案时要注意以下 3 点。

（1）不断收集具有投资价值的房源和项目

投资客户看重的是房子的投资价值，房产经纪人需要不断地寻找具有投资价值的房源信息和项目资料。例如，可以推荐楼层不是很好、但性价比很高的房源；或者推荐低价的毛坯房，让客户适当装修后再出租或出售；也可以推荐有地铁规划的新盘项目。

（2）坦诚对待

投资客户会与很多房产经纪人打交道，房产经纪人的交易策略是他们基本都已经见识过的，这时房产经纪人坦诚一些更能得到客户的信任。例如，报价的时候，一套价值 300 万元的房子，房东的底价是 295 万元，房产经纪人可以直接报底价。因为投资客户很可能有其他房产经纪人渠道，如果客户从其他房产经纪人那里得知底价是 295 万元，那么这个经纪人就不会再被信任。

（3）提供更加专业的数据和长周期的数据分析

投资客户掌握的信息比较全面，如果要获得投资客户的信任，仅是简单地说小区均价肯定不够。房产经纪人需要将小区的房价涨跌趋势和交易数据以更清楚且全面的方式呈现给客户，并提供市政规划的相关文件供客户参考，才能获得客户的信任。

我认识一位非常资深的投资客户，20 多年前他在徐汇买了一套面积 88 平方米的两居室，当时均价是 4000 元每平方米。后来，房价一路上涨，他从中尝到了甜头，就开始不断在上海买房。2011 年上海房屋限购后，他就在子女的名下买房，最多时全家人名下有 6 套房产。2016 年，我给他介绍了上海周边的昆山和嘉兴的一手房产。现在这位客户除了上海以外，还有 4 处外地的房产。针对这种客户，房产经纪人只有比他更专业才能获得其信任。

5.1.3 购买意愿强、支付能力弱：改善客户

购买意愿强但支付能力弱的典型代表就是改善客户。改善客户是指目前拥有一套住房，但出于改善居住条件的目的购买房产的客户群体。

改善客户通常有以下 3 个特征。

（1）通常需要卖房后再买房，客户同时肩负卖房者和买房者两个角色，也就是会有两笔交易。

（2）主要是以改善居住条件为核心需求，所以这类客户对房子的要求会更高一些。例如，客户现在住的是具有 20 年房龄的房子，如果置换买房，客户就会特别在意小区的环境、停车位及户型等因素。

（3）在交易中会有比较长的周期。由于改善客户需要将一套甚至多套房产变卖后才能购买新的房产，所以成交周期一般是两个交易或多个交易的时间之和。我曾有一位客户，他置换房产的交易周期超过一年，因为他上一家的贷款迟迟未发放，导致新房的支付款迟迟不能缴纳。

面对改善客户，房产经纪人在提供解决方案时要注意以下 2 点。

（1）优先选择原小区附近的房源

改善客户在原小区居住的时间很长，已经熟悉了周边的生活环境，邻里关系相处得非常好。尤其是老人，他们对环境是有依赖的。那么，房产经纪人提供的解决方案并不仅仅是一套房子，更要考虑改善客户的生活环境和人际关系。因此，房产经纪人可以优先推荐原小区附近的房源信息。

（2）注意多份合同的时间节点

改善客户通常需要先卖掉房产，再买入房产。为了信息准确，房产经纪人在签署合同时务必请客户将上一个房产的交易合同带过来，以便确定付款的周期节点、交房时间，以及交易的一些特殊条件，这样能够把控整个交易的进程。在一定情况下，房产经纪人甚至需要制作进度跟进表，以便快速推进房产的交易，避免违约情况发生。

5.1.4 购买意愿弱、支付能力弱：潜在客户

购买意愿弱且支付能力弱的客户还没有形成真正的需求，他们是潜在客户。房产经纪人的很多租房客户就是潜在的购房客户，这部分客户暂时没有买房意愿，也没有支付首付的能力。面对这些客户，房产经纪人应该怎么办？这里不妨看一下 2016 年，我自己公司的真实案例。

案例

2016 年上海出台了限购政策，非上海户籍人口需要交满 5 年社保才能购房，许多原本想购房的非上海人突然被拒之门外。但在当年年底，公司经过业绩数据统计发现，一手房的销售业绩占了公司总业绩的 40%，其中租客转化的买家占了 50% 左右，这是怎么做到的呢？

举一个例子，客户小沈大学毕业后，在上海的一家软件公司上班，月薪约 1.5 万元，他 3 年存了约 30 万元。期间一直在租房，等将来社保交满 5 年，他就在上海买一套房。但是，2016 年出台的限购政策让小沈原先的计划全被打乱了。这时，我门店的房产经纪人就给小沈推荐了苏州市昆山的一个一手项目，每平方米均价约为 1.2 万元，80 平方米的两居室总价 100 万元，首付约 36 万元，而且昆山通地铁，离上海也近。小沈看房后不到一天的时间就决定购买一套房。

故事到这里还没有完。2019 年，小沈在社保交满 5 年之际将昆山的房子以 180 万元的价格卖掉，然后又通过原来的房产经纪人买了一套上海的二手房。

对于潜在客户，房产经纪人在提供解决方案时要注意以下几点。

（1）先了解客户手上的资金情况

客户能每月花费 3000 ～ 4000 元租房，说明其个人月收入至少是 1 万元，按照这个收入完全有能力还款。如果客户工作了 2 ～ 3 年的时间，手上或多或少会有一些现金。

（2）刺激客户痛点，激发买房意愿

每个人都有潜在的买房意愿，也希望增加自己的财富。但租的房子毕竟不是自己的，每个月支付 3000 ～ 4000 元的房租相当于在给房东打工，如果自己买房，还贷款也是这么多钱，为什么不自己买呢？这时如果房产经纪人提供合适的购房解决方案，可能就会激发客户的买房意愿。

以上提供了 4 类客户的特征，以及房产经纪人在针对这 4 类客户提供解决方案时要注意的事项。解决方案除了要关注客户的需求以外，合适的房源也是不可或缺的。

5.2 房源最优化管理的两个方法

房产经纪人需要针对客户的需求寻找合适的房源，然后才能组成完整的解决方案。怎样才能帮助客户快速地匹配到合适的房源信息呢？通常房产中介门店经理会推荐一个简单、直接的方法——背下来。但是，我们打开房源系统会发现需要记忆的房源有几十套，甚至几百套，房产经纪人怎么可能会背下来呢？更何况下个月，这些房源或许就会更新了，背下来的作用也不大。那么，房产经纪人应该如何管理房源呢？

我的建议是记忆高性价比笋盘房源和可视化非笋盘房源，如图 5-3 所示。

图5-3 房源最优化管理

5.2.1 记忆高性价比笋盘房源

记忆房源的目的是当客户询问时，房产经纪人能够立即说出若干套房源，客户如果感兴趣，就可以立刻留下电话并预约看房。

同时，记忆房源的目的还是让客户产生信赖，并且对其提供的房源感兴趣。所以，我的建议是房产经纪人要记忆重点的、高性价比的笋盘房源。即使有部分客户对这几套笋盘房源不满意也没有关系，因为房产经纪人的专业性已经可以获取客户的信任了。这时再对客户说：“您对这几套笋盘房源不满意，说明您对房子的品质要求比较高。请进我们店里坐，喝杯水，我帮您到系统里查一下符合您需求的房源。”客户也会愿意进门店，方便房产经纪人进一步了解情况。

那么，哪些是高性价比的笋盘房源呢？它们需要满足以下条件。

（1）房源性价比高，如低于市场价、装修较好等。

（2）房东诚意售卖。

（3）房产经纪人实地勘查过房源，了解房源的详细信息。

（4）房产经纪人与房东电话沟通或面对面交流过，熟悉房东的情况。

满足以上 4 条，就可以算是笋盘房源了。对于房产经纪人而言，将不同的户型各记忆 3 ～ 5 套，一共只需记忆十几套，记忆的难度就会小很多。

5.2.2 可视化非笋盘房源

除了高性价比的笋盘房源以外，房产经纪人对其他房源就完全放弃吗？前文说过，有少部分客户会认为一种房型只看 2 ～ 3 套是不够的，但房产经纪人又记不住全部信息，因此，我建议房产经纪人在见客户之前将非笋盘房源信息打印出来，内容包括户型图、实景图、面积、价格、首付等。这样房产经纪人可以拿着户型图对客户讲解，不但说服力强，而且记忆强度低，客户有意向后直接预约看房即可。

5.3 现有方案无法满足客户需求时的解决方法

当房产经纪人了解客户需求，提供所有满足客户需求的方案后，客户对所有方案都不满意。而且，不管房产经纪人如何引导客户的非核心需求，客户还是不满意。这时房产经纪人有两种选择，如图 5-4 所示。

图5-4　现有方案无法满足客户需求时的解决方法

5.3.1 提高客户预算

房产经纪人提高客户预算的方法共有 3 种，如图 5-5 所示。

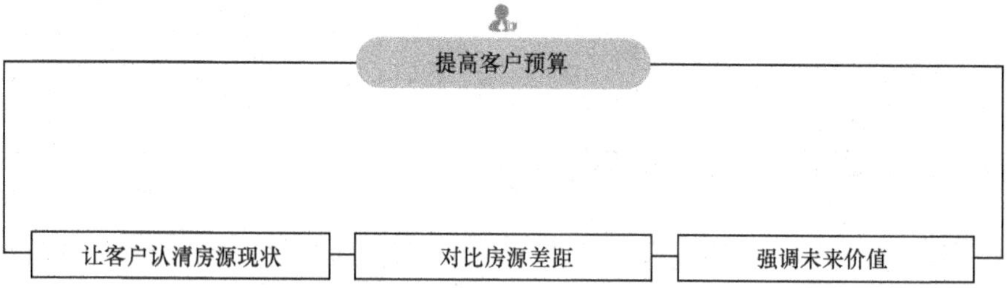

图5-5　提高客户预算的方法

（1）让客户认清房源现状

通过数据让客户了解房源的行情、价格，而且不仅仅是口头表述。“张叔叔，现在这个小区的均价是 3 万元每平方米，两居室的总价是在 210 万～ 240 万元。”这样的口述没有说服力。房产经纪人要把近两年小区的房价走势图打印出来，和小区最近成交的合同一起拿给客户看，让客户知道自己的预算与市场价格的差距。

（2）对比房源差距

除了通过数据让客户认清房源现状以外，房产经纪人还可以通过带客户看其他房源以做对比，让客户知晓自己的预算大概能买到怎样的房源。客户在亲眼看过符合他预算的房源存在面积小、装修差、小区环境不佳等问题后，就会主动提高自己的预算。

（3）强调未来价值

让客户看到所推荐房源未来的价值，也能够刺激客户提高预算。例如，房产经纪人小李带客户看了一套 305 万元的房源，而客户原本的预算只有 290 万元。这时小李说："虽然比预算多出 15 万元，但这买的是一个楼层好且离地铁口更近的房子，如果以后再卖，升值空间远远超过其他房源。多投入 15 万元，3 年后卖出就可以多赚 30 万元，哪里有这么高的回报率呀？而且，这套房的租金能比其他小区每月多出 500 ～ 1000 元。最主要是这里离地铁口近，你每天可以节约 15 分钟，一年下来就是 90 小时，你将这个时间放在学习或工作上能产生更多价值。"听小李说完，客户就动心了，马上和老婆商量，准备买这套房。

5.3.2 降低客户期望

当现有方案无法满足客户需求时，房产经纪人除了提高客户预算以外，还可以尝试降低客户期望。双管齐下，将极大地提高完成交易的概率。

降低客户期望有 2 个步骤，如图 5-6 所示。

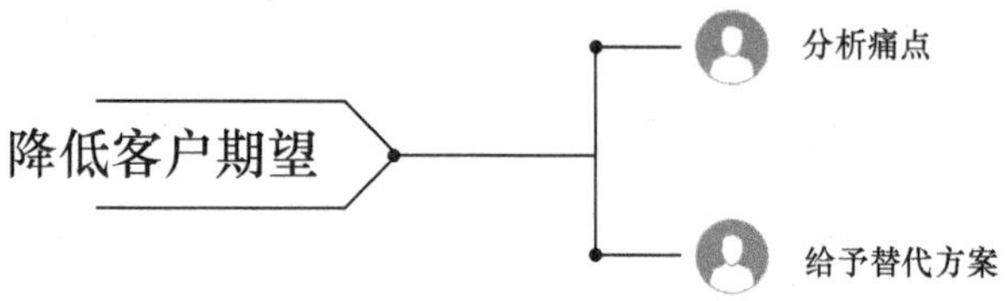

图5-6　降低客户期望的2个步骤

（1）分析痛点

案例

房产经纪人小吴接待了客户张小姐，她准备给父母买一套房。小吴经过询问后了解到，张小姐现在和公婆同住在一个三居室里。可是婆媳住一起难免不便，但公婆又要照顾小孩，所以张小姐特别强调这个房子要和现在的住所买在同一个小区。小吴找了半个月，她所住的小区一直没有合适的房源空出来。

有一天，张小姐所住小区对面的小区出了一套房，面积和价格都适合张小姐。小吴马上联系张小姐，但是张小姐在电话中表示不在她的小区，所以不考虑。小吴还是趁着张小姐接孩子放学的时间，带她看了一下。

细心的小吴发现张小姐家孩子的学校就在对面小区的旁边，出小区不用过马路就能去学校，而原来居住的小区还要过一条马路，这变成了小吴说服张小姐的突破口。张小姐意识到推荐小区的地理位置其实比自己的小区还要好，最终很快成交了。

小吴是如何让张小姐转变需求、降低期望，最终做出选择呢？答案就是带客户亲身体验房源。这样房产经纪人不但可以让客户亲身感受房源的优势，还可以从中找到突破口说服客户。

（2）给予替代方案

案例

房产经纪人小敏的客户张先生看中了一套 280 万元的两居室，这个价格低于市场价约 20 万元。小敏带张先生看房期间，张先生问房东 260 万元能不能卖。房东就说："我已经低于市场价 20 万元了，你还要还价？"很明显，客户的出价和房东可接受的价格相差甚远。

小敏通过带张先生看房并深入地沟通后，发现张先生首付只有 90 万元，刚够上海买房首付 35% 的要求。于是，小敏根据张先生的情况，为他提供了两个方案，并且做了利弊关系对比。

方案 1：在地段不变的前提下，买一套可以改为两居室的大一居室。这样预算不需要提高，而且可以有两个房间；缺点是面积小一些。

方案 2：选择地段略微偏远的小区。优点是户型为真正的两居室，面积大一些，并且未来有升值空间；缺点是远，上下班的时间要多出 30 分钟。

张先生比较两套方案后选择了方案 2。这就是通过替代方案降低客户期望的案例。

5.4 房产经纪人为客户提供的价值

在给房产经纪人进行培训的过程中，有不少于 100 位房产经纪人向我倾诉:“向东老师，我觉得自己很没用。房产经纪人这个行业的门槛这么低，谁都可以做，我感觉自己一点价值都没有。”说完后，旁边的房产经纪人也会频频点头，表示赞同。我都会立刻告诉他:“我们房产经纪人卖的房子不是我们自己的，但我们提供信息和服务。只不过这两样东西是无形的，所以客户甚至包括我们自己有时都很难感知到自己的价值。”

5.4.1 房产经纪人提供信息

例如，房产经纪人告诉客户:“××小区新出来一套8楼的两居室，精装修，只要300万元。”这一条不到30字的信息却包含房产经纪人提供的信息认证和优选信息。信息认证是指房产经纪人发布的信息经过他本人的认证和实地考察，而不是虚假杜撰。优选信息是指房产经纪人从公司系统的上百套房源中挑选某一套告知客户，而这一套最符合客户的需求。

（1）信息认证

张先生准备买房，打开安居客的网站，搜索“上海嘉定江桥绿地新江城的两居室”，出现了几百条房源信息。张先生浏览了一套房源，照片拍得很好，描述十分清楚，于是开始联系，但中介回复“房子刚卖掉了”。接着，他又看到一套满足需求的房源，继续打电话给中介，对方说“房子还在，可以带看”。张先生高兴地跑过去看房，可中介带他看的却是与网上不一样的房源。

当然，以上只是一个极端案例，更多情况下卖房者只会选择部分隐瞒。卖家在出售过程中会突出房屋的优点，如小区的地理位置好、房屋楼层高、装修新等，而隐瞒部分缺点，如房子的采光不充分等，以促成交易。客户等到交易完成才发现这些问题。这时不管是通过法院起诉卖家，还是自己处理这些问题，都会耗费大量的时间和精力。

客户在交易过程中仅凭自己不容易了解清楚具体情况，最好的办法是找懂行的房产经纪人。后者可以帮客户认证业主信息，并告知客户更多的房屋信息。例如，上家有没有不良的资产抵押、购买能不能贷款、产权人有没有犯罪记录等。所以，房产经纪人在整个房屋交易过程中起到了对信息进行认证的作用。

（2）优选信息

客户可以从网络上获取很多房源信息，但客户搜集的房源信息越多，处理起来就会越慢。面对海量的房源信息，客户很难做出决策。

诺贝尔经纪学奖获得者赫伯特·西蒙总结这个问题时说过："信息的富足带来了注意力的贫乏。"表面上看，信息是无形且免费的，但事实上它消耗的是人们最昂贵、最稀缺的注意力。互联网上的信息没有获得成本，但处理成本非常高。所以，相对于客户自己完成信息加工和处理而言，委托专业的房产经纪人进行协助会更实惠快捷。

例如，李小姐想买两居室，可是市场上的两居室超过 100 套，而房产经纪人发现李小姐需要的是可以改成三居室、带装修、南北通透、中等楼层、带电梯、前方无遮挡、在小区位置靠南面但不临街的两居室，预算约 280 万元。根据这些信息，房产经纪人从房源系统中进行优选，很快为李小姐找到合适的房源。

优选信息时，房产经纪人不仅要帮助客户在多如牛毛的房源中快速找到符合需求的房源，还要帮助他找到能省钱或赚钱的房源。因为大多数房产经纪人手上的房源都是相同的，能帮客户省钱或赚钱才会具有竞争力。

例如，同一套房子标价为 320 万元，链家的小张有这条信息，21 世纪房产的小李也有这条信息。如果此时小李通过与业主谈判，将价格降为 310 万元，那么小李就帮客户省了 10 万元。这个信息对客户而言就是极具价值的优选信息。

但是，房产经纪人可能要多打 20 个电话与房东沟通，并亲自拜访其 5 次以上，才能获得划算的房源，这需要房产经纪人的不懈坚持及协商能力。

5.4.2 房产经纪人提供服务

谈到服务，很多人可能都会想到海底捞：等餐时，顾客可以做指甲、擦皮鞋、下围棋或吃零食；吃饭时，服务员笑容满面；如果是一个人就餐，服务员还会在你对面放一个布娃娃；客户过生日，店内还会送蛋糕，店员一起唱生日歌。所以，很多人去海底捞吃火锅都会自发地发朋友圈。

海底捞是传统的餐饮服务业，其属性与房产经纪行业有一定的区别。传统服务行业是可以被客户感知的，就像满桌的新鲜美食，以及做指甲、擦皮鞋等服务都是顾客能切实体验的。然而，房产经纪公司提供的是无形的服务，看不见、摸不着。很多客户都抱怨："你们房产经纪人什么也没做，就是跑跑腿，去交易中心走走流程，一单就能赚好几万元的佣金。"这说明客户很难感受到房产经纪人的价值。因此，除了为客户提供上文所说的信息以外，房产经纪人还需要为客户提供服务。

20 年前，客户通过关系才能买到房子。那时房源少、信息少，但客户多，房产经纪人的主要工作就是为客户提供信息，能让客户买到房子已经非常不易，客户也不会要求额外的服务。

经过 20 年的房产开发和建设，随着人们生活水平的不断提高，85% 的城市居民基本的居住需求都得到了满足，很多城市的房子还会有过剩的情况。现状是客户少、房源多，尤其在互联网环境下，信息几乎唾手可得，如图 5–7 所示。

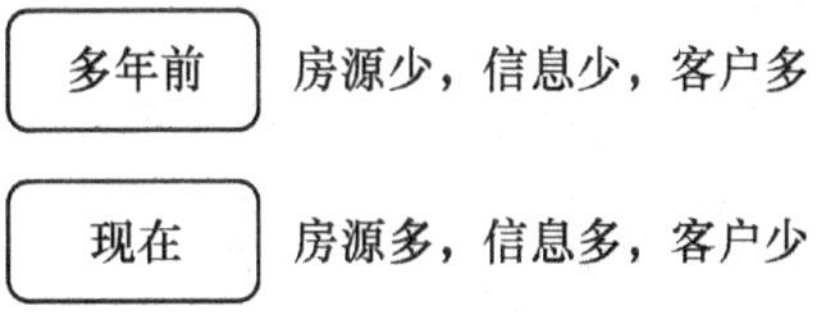

图5–7 近20年房源、信息和客户数量的对比

我国房产经纪人的发展历程，可以参考美国房产经纪人的情况。在美国，早期部分房产经纪人因为拥有更多的房源信息而获得显著的优势。如今，房屋信息不再被锁定在当地的房源管理系统中被房产经纪人独享，而是任何人都有非常多的渠道从互联网上获得这些信息。这时房产经纪人需要为客户提供更多的服务以赢得客户。例如，根据客户的需求收集并整理房屋评价、帮忙申请贷款、寻找评估机构，最终协助客户完成一系列交易中涉及的所有服务。

房产经纪人的服务包括 3 个方面，如图 5–8 所示。

（1）专业的交易解决方案

前文提过，房产经纪人需要为客户提供完整的解决方案，从把握需求、匹配房源，到贷款、验房、装修等都属于解决方案的一部分。同时，为了区别于其他房产经纪人，我们需要在解决方案中加入自己的专业建议。

专业建议不只包括专业知识，因为二手房的绝大部分专业知识都是标准化的，网上可以找到，如二手房的交易税费和交易流程等。所以，这里所说的专业建议是知识的升华，即针对客户在买房交易过程中遇到的实际问题提出解决方案，从而让客户做出最有利的交易决策。

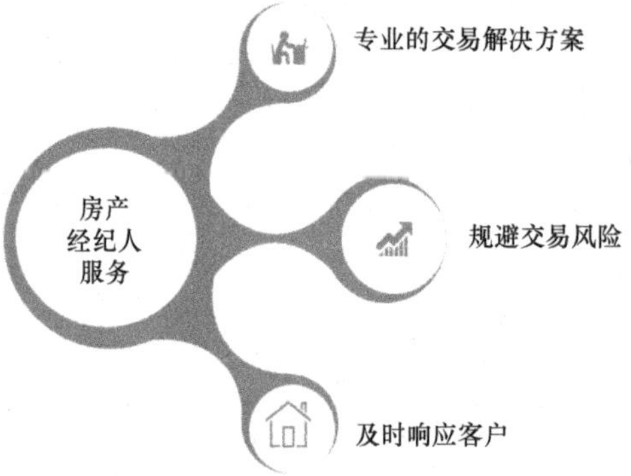

图5-8　房产经纪人的服务

案例

我认识一位朋友，她是东方航空公司的乘务员，主飞北京首都国际机场到美国旧金山这条航线。她想在北京买一套房，可是没有北京的社保，不符合购房要求，就问我该怎么办。

根据我的了解，北京大兴机场建成后，大部分国际航班都会转移过去。所以，我建议她在离大兴机场10公里范围内的河北廊坊寻找合适的楼盘。首先，那里不属于北京，不限购；其次，她上班也方便。

她听从了我的建议，在大兴机场周边约6公里的位置买了一套小别墅，总价不到150万元。2年后，大兴机场正式运营，他们的航线果然转移了过去。同时，她购买的别墅房价也涨了30%。因为这次帮助，在后面3年里，她多次将自己在上海分公司的同事介绍给我，最终陆续成交了3套房。

在这个案例里，北京的限购政策、贷款的还款计算等专业知识只是基础，我给客户的解决方案中还包含我的专业知识、社会知识、市场判断等。这是一套完整的组合方案，对客户真正有价值。

（2）规避交易风险

很多客户之所以心甘情愿地支付佣金以雇用房产经纪人，是因为房产交易对于绝大多数人来说都是大事情，涉及的交易金额大、流程复杂、风险高，通过房产经纪人可以有效规避风险。

例如，客户看中了一套房子，准备签合同。客户面临的风险是这个房子可能有抵押、房东的中途变卦、户口不能迁移、贷款不能通过审批等。而这些交易风险都可以通过房产经纪人的专业服务来规避。

（3）及时响应客户

客户有需求时会打电话向房产经纪人询问，房产经纪人会立刻根据客户的需求推荐房源。客户看完房源后、到家想起自己的装修要改房屋结构时会打电话向房产经纪人询问："客厅旁边的那堵墙是承重墙吗？可以敲掉吗？"房产经纪人需要立刻找物业核实并回复。客户准备签约的前一天晚上，突然发现银行理财还没有到期，立刻打电话给房产经纪人告知这个情况，房产经纪人则要立刻和房东联系，重新商定交款时间。在房产交易这个复杂的流程中，客户出现任何问题，房产经纪人都要第一时间响应，快速地解决，从而节省客户的时间、消除客户的顾虑。这就是一项专业服务。

及时响应客户对于房产经纪人而言也是非常有利的，因为快速响应客户可以与其建立良好的互信。此外，在竞争激烈的市场中，及时响应客户还可以锁定客户的注意力和时间。

5.4.3 让房产经纪人脱颖而出的3种方法

房产经纪人为客户提供信息和服务，客户为此支付佣金。虽然房产经纪行业的门槛较低，但是随着市场竞争的加剧，越来越多的房产经纪人提供的信息和服务日趋相同。如果房产经纪人想在这个行业站稳脚跟，将信息和服务做到极致是基本的生存法门。

如果将从房产经纪人接触客户到客户完成购房交易作为一个交易周期，我的建议是在交易周期前服务前置，在交易周期内具有长期服务意识，在交易周期后持续服务，房产经纪人才能脱颖而出，如图 5-9 所示。

图5-9　让房产经纪人脱颖而出的3种方法

（1）服务前置

许多房产经纪人都认为服务的最好时机是客户快要成交的前后。但为了能够从众多房产经纪人中脱颖而出，我的建议是在客户需求发生前就开始提供服务，即服务前置。

例如，客户王先生只是上门复印一份资料，顺口问了一下小区的房价，房产经纪人小张立刻认真回复，并且留下了王先生的电话。在王先生没有时间时，小张还会帮其收发快递。一年后，王先生想卖掉自己的两居室，置换成同小区的三居室。他首先就想到了小张，指定小张为独家代理。这就是服务前置的回报。在王先生还没有任何购房需求时，小张就提供了各种各样的服务以获得王先生的信任。如此一来，哪怕王先生在若干年内没有成交，基于对该房产经纪人的信任，他在邻居、朋友、亲戚有购房需求时，首先推荐的也一定是熟悉的房产经纪人小张。

（2）长期服务意识

房产经纪人小李接待了客户王小姐，她想租一个月租金 2000 元的单间，小李将需求记下后告诉王小姐："有合适的房子，我再联系你。"过了两天，王小姐主动打电话问："上次我留了电话，你怎么没联系我？"小李回复："不好意思，现在还没有合适的房子。"

小李不愿意为租 2000 元房子的租客找房，因为他觉得佣金低。这说明他只看到了短期的利益，没有看到租客的长期需求价值，即租客可能半年或一年后买房。

同样的情景也适用于买房客户。还是以房产经纪人小李为例。赵先生想买隔壁小区的两居室，刚开始时，小李一天打 3 个电话，一周带看两次房，嘘寒问暖。有一天，赵先生突然告诉小李："小李啊，因为原本计划好的首付款现在还没到位，所以要明年再买房了。"小李心灰意冷地说："不会吧？我都带你看 2 个月的房了，说不买就不买了！"说完后就不再打电话维护。小李这同样也是只看到了短期利益，没有看到长期利益。也许就在这段时间里，因为疏于维护，其他中介就将赵先生抢走了，或者 2 个月后赵先生又有了首付。

一次性的生意不可能有持续的业绩增长。房产销售是一个长期的生意，赚快钱的时代已经过去。房产经纪人只有用长期服务的心态对待客户的长期需求，才能更好地生存下来。

（3）持续服务

如果客户已经完成交易，房产经纪人也需要继续服务。房产经纪人可以打电话询问：“李先生，您买的房子装修得怎样啦？如果需要我帮忙，您尽管说！”

在传统的客户观念里，交易结束后，房产经纪人是不会有任何服务的。但实际上，如果房产经纪人能提供一些细微的服务，就会让客户产生巨大的信任。而信任的背后就会带来两个直接收入，即客户的复购和转介绍。因为信任，客户在复购时必定会选择经常联系自己的房产经纪人。此外，当客户的亲朋好友需要买房时，客户大概率也会推荐自己信任的房产经纪人。我通过近三年的数据分析发现，自己门店有 45% 的业绩来自客户转介绍，而且转介绍的获客成本低。此外，转介绍的客户有了信任的基础，成交率会更高。这些都是房产经纪人通过交易完成后的持续服务换来的。

第 6 章

客户邀约与合理报价

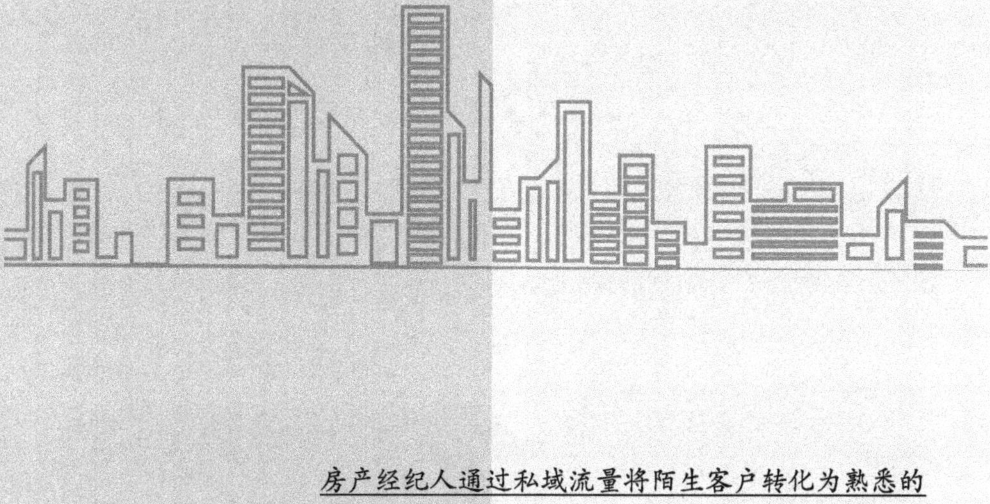

房产经纪人通过私域流量将陌生客户转化为熟悉的客户，并在洞察客户需求、根据客户需求制定解决方案后就可以邀约客户看房了。邀约客户看房时，房产经纪人要实时了解房东的心理价格，采用灵活的方法合理报价。

6.1 客户邀约：提升成交率

如果带看后客户比较满意，那么这笔订单的成交率会极大提升。带看环节主要由以下 4 个步骤组成，如图 6-1 所示。

图6-1　带看环节的4个步骤

本节将会围绕带看的第一步，也就是邀约展开。

买房与买普通的消费品不一样。客户可以轻松地在网上买一件衣服、一部手机、一件家具，但是不可能轻易在网上为一套房子支付 10 万元定金。即使有 VR 技术支持，客户还是需要亲自实地看一下。

很多房产经纪人觉得邀约很简单，认为这就是打一个电话，邀请客户看房而已。可实际上，这种看似“很简单”的工作却不那么容易。最常见的就是客户平时咨询很多，但是邀约看房时，他就不回信息、不接电话；即使接了电话，他也会有各种各样的理由推诿，如在外地等。更有甚者，房产经纪人提前一天和客户约好了，但到第二天，客户却说临时有事不去了。后来，房产经纪人发现客户在其他地方看房。

这一系列问题是由很多因素导致的，但最核心的因素就是房产经纪人的邀约工作没做好。一个能够成功地让客户来看房的邀约，需要具备准备、时机和方式 3 个要素。

6.1.1 邀约的准备

为了能在邀约客户时熟练地向客户介绍房源的基本信息，并激发客户的兴趣，房产经纪人必须在邀约前了解自己要推荐的房源的优缺点。

房产经纪人在邀约前需要了解以下 3 个方面的信息。

（1）多套房源及其基本信息

为了应对客户对某一套房源不满意的情况，房产经纪人需要准备一套重点推荐房源和多套备选房源，做到“手中有房，心中不慌”。同时，房产经纪人还要对房源的基本信息了如指掌，如面积、户型、装修、交房时间和税费等。

（2）价格信息

作为交易的核心点，房屋的价格是客户非常在意的。交易价格信息不仅包括房源售价，还包括房东的挂牌价、税费支付方式、税费具体金额、客户支付总价、贷款首付金额（如果有贷款）、月供金额，甚至包括小区的物业费、停车费等。房产经纪人需要能在客户提问时马上回答。

（3）房源卖点

房源卖点是邀约客户时的一个重要信息，因为同一套房源会被很多房产经纪人同时推荐给客户。房产经纪人需要结合客户的需求，总结房源的卖点，以便快速抓取客户的兴趣点。

针对卖点，房产经纪人要做到“多讲事实，少说观点”，这样才能打动客户。例如，客户的核心需求是精装修的婚房，房产经纪人在邀约时不能简单地描述“这个房子装修很好”。因为这只是房产经纪人自己的主观观点，并不客观，客户无法感受到事实。如果换成“房东花了 30 万元装修这套房，又自住了 1 年，这是首次出售，您可以拎包入住”等对事实的描述，则房产经纪人可以让客户感知到这套房源的状况与自己的需求非常匹配。

如果客户的核心需求是价格优势，房产经纪人单纯地描述“房子很便宜”这个观点，客户无法产生具体的感知；而应该换成说事实：“同一个小区里刚成交的同类型房子价格 220 万元，这一套现在只要 200 万元，比市场价低了 20 万元。”

6.1.2 邀约的时机

准备好多套房源及其基本信息、价格信息和卖点后，接下来房产经纪人要关注邀约的时机。很多房产经纪人在邀约时碰壁，不是因为邀约时的态度问题，也不是因为房源不够吸引人，而是邀约时机的问题。例如，客户正在开会，怎么可能有耐心听完你的房源介绍？或者，客户上了一天班，非常疲惫，准备睡觉了，这时他怎么可能接受邀约？所以，对于同样一套房源，房产经纪人在不同的时间邀约客户，结果是不一样的。

房产经纪人掌握邀约的时机会提升邀约的成功率，邀约时要注意以下 3 点。

（1）了解客户的作息时间

每一个客户的作息时间不一样，所以房产经纪人需要了解清楚。如果客户上夜班，白天休息，那么白天打电话就可能会影响客户休息。房产经纪人可以通过客户的微信朋友圈了解客户的作息时间，从中分析出客户平时几点起床、几点睡觉，甚至什么时间比较空闲。如果从微信朋友圈了解不到，那么房产经纪人可以在平时与客户沟通的过程中多询问客户工作的行业、具体职位等信息，甚至可以直接询问：“张先生，后期有您需要的房源，我会第一时间给您电话。您一般什么时间方便接电话呢？”

（2）邀约前的询问

房产经纪人邀约时，首先需要询问客户：“我现在要占用您 5 分钟时间，给您推荐一套房源，您现在有空吗？”如果客户说没空，房产经纪人就可以继续询问：“那我是 1 小时后给您打电话，还是 2 小时后给您打电话更方便呢？”而不是一接通就一股脑地快速说：“张先生，现在出来了一套您需要的万科小区三居室、南北通透的户型、精装修、9 楼的房源，您什么时候有时间出来看一下？”也许还没有等房产经纪人说完，张先生就说“我在开会”，然后直接挂断电话。

（3）不同的时间段反复邀约

了解客户的作息时间后，房产经纪人也不一定能够一次就与客户联系上并完成邀约。客户有可能正在开车或家中刚好有人来访，不方便接听电话。如果客户忙，房产经纪人可以先微信推送房源信息，然后换一个时间邀约。

6.1.3 邀约的方式

房产经纪人最常用的邀约客户的方式就是打电话。但随着微信的普及，微信也逐渐成了一种常用的邀约方式。

我还是更推荐打电话的方式，因为声音可以传递情绪，客户可以感知到房产经纪人兴奋和激动的心情，继而被感染。同时，房产经纪人也能通过客户的声音感知到客户的情绪，从而判断客户的意向。

如果客户没有接电话，或者客户恰好在忙，那么房产经纪人可以使用微信。虽然微信不能像打电话那样用声音实时传递情绪，但可以通过图片、视频和 VR 链接给客户发送可视化的房源信息。如果房产经纪人只是发送一条信息："刘小姐，你明天有时间看房吗？我这里出来一套很好的三居室，位于万科小区的中心位置，离中央景观区仅 10 米，房屋在 12 层，阳光无遮挡、南北通透、户型方正、房东自住、带 30 万元的豪华装修，而且价值 10 万元的家具全送。现在房东急于出国，欲低于市场价 10 万元出售。"将这样一段枯燥的文字或语音发给客户，客户很可能看不下去或听不进去。

此时，如果公司系统中有该房源的高清图、视频或 VR 链接，房产经纪人可以直接发送给客户；如果公司系统中没有，房产经纪人可以第一时间去勘查房源，并拍摄照片或视频发给客户。这些可视化的多媒体信息结合上文的推荐信息，最后再加上"麻烦您忙完后给我回个电话"，客户看到这些信息后大概率会给房产经纪人回电话。

6.1.4 邀约话术示例

明确邀约时机和邀约方式后，接下来房产经纪人要掌握完整的邀约话术。以下提供了两种话术模板。

【模板一】

房产经纪人："陈先生，您好！精装 15 万元、地铁 8 分钟可达、首付 20 万元的恒大花园现在限量推出 100 套房子，元旦优惠，推出了'付 5 万元定金抵 1 万元'的活动，这周末您来看一下？"

客户:“可以啊!”

房产经纪人:“周末您具体哪个时间段有空?”

客户:“周日早上9点吧。”

房产经纪人:“好的,我和您确认一下看房信息。

时间:2021年6月6日(周日)上午9:00整;

地点:××南路338号;

看房人员:2人;

出行方式:

(1)开车前来看房,您在金运路左转,鹤旋路右转,之后到第二个红绿灯路口右转,直行300米左右停车即可到我们门店;

(2)乘坐地铁前来看房,请在13号线的金运路地铁站1口出来即可;

(3)乘坐公交车前来看房,在鹤旋路公交站下车即可。

周日天气晴,适合看房,请提前安排好时间。如果临时有变化,请提前告知,谢谢。

联系方式:房产经纪人姓名+电话(同微信)。”

【模板二】

房产经纪人:“李小姐,您好!万达城市公寓,81.14平方米,满五年唯一,报价500万元,无抵押、无贷款,看房有钥匙。

契税:首套45000元。

增值税:0元。

个税:0元。

房本费:80元。

佣金：总房价的 1%。

商业贷款：

首套：4500000×70% =3150000（元）；

月供：30 年还款，每月 16717.39 元，等额本息；

共计成本：5180080 元；

首付：5180080−3150000=2030080（元）。

以上税费仅供参考。”

李小姐：“房价还可以商量吗？”

房产经纪人：“我建议您先来看一下房子的位置、装修等。如果看中了，我们再与房东协商价格。您看这周末方便吗？”

……

6.2 合理报价：灵活的故事报价法

邀约客户看房时，双方难免会提到房源的价格。在带看的过程中，客户也会反复确认房源的价格。如何报价是房产经纪人普遍头疼的问题。

6.2.1 传统报价方法

房产经纪人报价通常有以下 3 个选择，如图 6–2 所示。

（1）报低价

房东挂牌 265 万元，房产经纪人报价 260 万元，这就是报低价。房产经纪人为了抓住客户，故意把价格报低以吸引客户。而且，房产经纪人自认为与房东商谈后，将265万元的房子降5万元不是问题。

图6-2　房产经纪人报价的3个选择

报低价的确可以吸引客户，但这样带来的影响不容小觑。客户一旦知道房东的真实报价，会有被欺骗的感觉。如此一来，房产经纪人很容易失去客户的信任。除此之外，房产经纪人还会得罪房东。如果房东知道房产经纪人在没有经过他同意的情况下私自报低价格，房东大概率会因为不受尊重而火冒三丈，甚至拉黑房产经纪人，以后再也不会让该房产经纪人代理自己的房子了。这样报低价既损伤了客户信任，又损伤了与房东的关系，对于房产经纪人来说明显是弊大于利的。所以，我不推荐。

（2）报高价

大部分房产经纪人都知道，客户看中房子后一定会还价。所以，房产经纪人报价时普遍采取的策略是在房东能成交的心理价位上再多报3万～5万元，给客户留出还价的空间。

报高价的确可以留有谈判空间，也不用担心房东跳价，但是会存在另一个潜在问题：如果客户也从其他机构询价了，怎么办？例如，同一个小区的房子，隔壁房产经纪公司的挂牌价是300万元，但你报的却是305万元。客户一旦知道房东的真实价格后，会觉得房产经纪人在中间赚差价，从而对其不再信任，转头奔向隔壁的房产经纪公司。同样，如果房东知道了，也会不再信任房产经纪人。

报高价换来的是谈判时的还价空间，但对于房产经纪人来说明显也是弊大于利的。所以，我也不推荐。

（3）报平价

房产经纪人将房东能成交的心理底价直接告诉客户，就是报平价。

案例

房产经纪人小李邀约客户陈先生看一套房东报价300万元的精装两居室，看前还强调说："陈先生，这个价格是房东能给的最低价格。"虽然带看后客户比较满意，但客户还是想再少5万元，报价295万元。从客户的角度来说，还5万元的价很正常。当天小李就邀请客户陈先生和房东一起进行了一次三方会谈。最终，房子以300万元成交。不过，客户签约之前说："小李，房价一点没有便宜，你的佣金给我打个对折吧，不然这套房我就不要了。"小李觉得都付出了那么多努力，谈到这个份上，也担心客户找其他房产经纪人成交，无奈之下，也只好同意了。

从上面的案例可以看出，报平价也是存在问题的。首先，客户还是会还价。如果客户还价不成，就会要求在中介费上打折扣。其次，房东一旦跳价，那么这次交易基本就以失败告终了。有一次，我店里的房产经纪人小张给客户报价了一套房子，房东成交的底价是240万元，小张坦诚地给客户报了240万元。带看后，房东不但不降价，反而因为带看客户太多，涨了5万元。客户说："你不是说240万元能买吗？怎么现在变成245万元了？"客户非常生气，还把小张的手机号码拉黑了。

客户和房产经纪人都很关注报价，因为大多数情况下，报价决定了是否能成交。所以，大部分房产经纪人的苦恼就是如何报价，才能让客户既有还价的空间，又能保证佣金不折损？要解决这些问题，我们需要关注两个方面：一个是房东的心理价格，另一个就是房产经纪人在报价前的引导和铺垫。

6.2.2 实时了解房东的心理价格

要了解房东的心理价格，除了直接询问以外，房产经纪人还要了解房东卖房的原因。如果房东是为了改善居住条件，需要卖掉手上的这套房才有钱购买下一套房，那么房东出售的动机较强，对交款时间和金额有要求，所以谈价的余地比较大；如果房东已经支付了下一套房的定金，那么这时的谈价空间将会更大，因为房东在期限内不能将现在的房子卖出，很可能就会违约，失去已经支付的下一套房的定金。

对于卖房投资的业主，他买进时的价格便宜，因此在卖房时有差价利润空间，并且他卖掉后会有更好的投资项目，那么他不会太在意价格上微小的差距。了解房东的这些信息，有助于房产经纪人掌握房东的最低成交价。

起初，房东都有一个心理预期的最低成交价。随着看房人数的增加或者个人情况变化等原因，房东的心理价格会发生变化。例如，房东委托门店出售一套房子，卖房的原因是置换，房子面积 90 平方米。挂牌时房东的期望价是 400 万元，但当时市场成交均价约 375 万元，意味着他的报价比市场价高出了 25 万元。在等待买家期间，房东选中了要置换的房子，但没有付定金。房产经纪人小叶打电话给房东时，房东说："我现在看中了一套要置换的房子，如果有合适的客户，400 万元的价格可以谈。”此时，房东的心理价格已经发生了变化。又过了一周，小叶再给房东打电话时，房东说：“现在有没有客户？如果有的话，395 万元也可以卖。”最终，小叶的客户以 385 万元成交。

如果小叶一直坚守房东起初的心理价格 400 万元，那么这笔交易最终将无法顺利达成。房东的心理价格从起初 400 万元到最终 385 万元的变化过程，离不开房产经纪人的实时跟进了解。房产经纪人需要每周与房东打 1 ～ 2 次电话，并完成上门看房等工作，才能与房东建立信任。如此，房东很可能给房产经纪人比其他同行低的价格，甚至给房产经纪人独家代理。此时，房产经纪人的报价会更有优势。

6.2.3 故事报价法：报价时的引导和铺垫

为了规避报价带来的风险和问题，房产经纪人除了要关注房东的心理价格以外，还需要通过故事报价法在报价时进行引导和铺垫。例如，房东张女士有一套恒大花园的房子，面积是 78 平方米，房东表示最低成交价是 425 万元。这个价格，周边的中介也全都知道。此时，房产经纪人可以通过故事报价法给客户报价，从而吸引客户。叙述方式可以如下。

“张先生，这个房子的房东叫张小芬，是两个月前的一个周末上门挂牌的。那天下着大雨，她和她爸爸一起过来时，开着一辆白色奥迪车。刚进门店，她爸爸就说：‘你们店长在吗？让你们店长出来接待，我有房子要卖。’当时房东要求这套房子挂 450 万元。房东说：‘我们想把房子卖掉，置换到徐汇。我们不急着卖，期望能卖到这个价格。’但通过店长的引导，我们那天给她的挂牌价是 445 万元。这两个月，我一直在和这个房东联系。她看中了浦东金桥那边的一套别墅，我在电话里和她谈价便宜了 10 万元，房东同意卖 435 万元。上周，房东又来店里了，说他想要买的房子需要付定金。通过进一步沟通，房东表示：‘如果客户的付款方式好，425 万 ~ 435 万元的价格是可以谈的，具体价格等看中房子再谈。’”

故事报价法有 4 个作用，如图 6-3 所示。

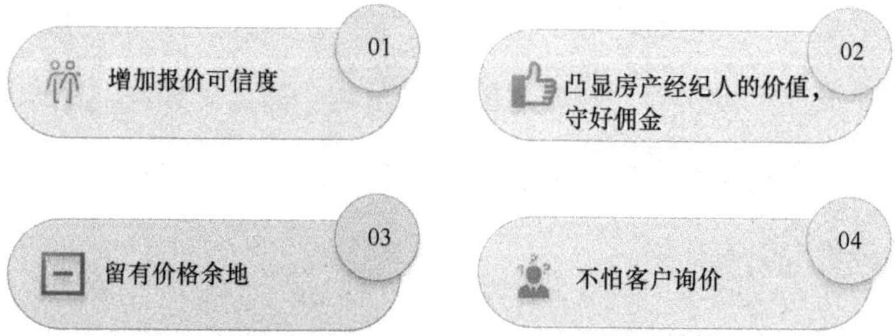

图6-3　故事报价法的4个作用

（1）增加报价可信度

通过对房东挂牌过程的细节描述，增加客户对房东挂牌价格的可信度，打消客户对房产经纪人赚差价的猜疑。

（2）凸显房产经纪人的价值，守好佣金

通过描述房产经纪人和房东不断沟通的过程，让客户了解房价从 450 万元逐步下降是房产经纪人的功劳，避免后续客户觉得房产经纪人无所作为，从而想减少中介费。

（3）留有价格余地

房产经纪人说 425 万～ 435 万元的价格是可以谈的，并没有说就以 425 万元成交。如果看这套房子的人多，房东的心理价格上涨了，就不用担心客户的信任问题。因为故事报价法中房产经纪人将房东挂牌出售的原因和细节通过故事的形式讲给客户听，表明了房产经纪人的努力。在这样的前期铺垫下，哪怕最后以 430 万元成交，客户也不会有心理落差。

（4）不怕客户询价

如果客户去同行那里询价，发现房东的报价是 425 万元，那么房产经纪人完全可以理直气壮地说："房东说的是 425 万～435 万元的价格是可以谈的，如果您的付款方式等各方面条件很好，那么 425 万元是可以谈的。"

故事报价法远比报低价、报高价和报平价更科学合理，所以房产经纪人要能够灵活运用故事报价法。故事报价法拆解后，由以下 3 个部分组成，如图 6-4 所示。

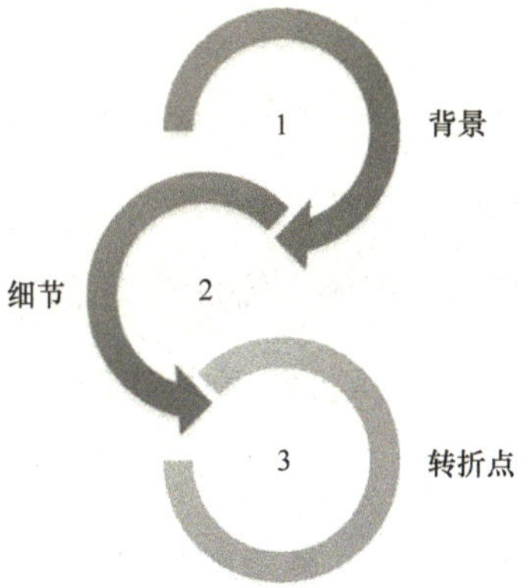

图6-4　故事报价法的3个组成部分

（1）背景

故事报价法中的背景是指房东在什么时间由于什么原因出售房源，它是整个故事可信度的基础。

在上述案例中，"这个房东是两个月前的一个周末上门挂牌的""当时房东要求这套房子挂 450 万元，房东说他们想把房子卖掉，置换到徐汇，而且不急着卖，期望能卖到这个价格”就是故事的背景。

（2）细节

如果房产经纪人像流水账似地将故事陈述出来，那么客户很可能认为房产经纪人在捏造，而细节能够增加故事的可信度。例如，客户上门挂牌时穿的是什么衣服，和谁一起过来的，是坐地铁还是开车过来的，开什么车，当时说了什么话……细节越清楚，故事的感染力、说服力就越强。

上述案例中，“那天下着大雨”“她和她爸爸一起过来时，开着一辆白色奥迪车”“刚进门店，她爸爸就说：‘你们店长在吗？让你们店长出来接待，我有房子要卖’”等都是在描述故事的细节，能让客户产生信任。

（3）转折点

在故事中，房东为什么挂牌价格较低、为什么会调整价格，这些就是整个故事的转折点。转折点要尽可能地突显房产经纪人的价值。

上述案例中，“通过店长的引导，我们那天给她的挂牌价是445万元……425万～435万元的价格是可以谈的”就是转折点，突出了店长的引导、房产经纪人不断沟通的效果。

总之，故事报价法中对背景、细节和转折点的描述，不仅可以让客户对房产经纪人产生信任，还规避了报低价、报高价、报平价的风险和问题。

第 7 章

带看阶段的重要工作

房产经纪人完成带看邀约后，接下来就要正式带看了。带看前，房产经纪人要有明确的目标，并做好准备工作；带看中，房产经纪人要熟知房源信息，并学会处理客户的异议，提升客户满意度；带看后，房产经纪人要掌握 4 个黄金指标，从而提高转换率。

7.1 带看前：明确目标，做好准备工作

很多人认为，带看就是为了成交。成交的确是带看的最终目的，但不是每一次带看都能立刻成交。

7.1.1 带看的目标

一套房源一般需要 3 次，甚至多次带看才能最终成交。如果房产经纪人一味地追求一次带看就成交，会引起客户的反感。房产经纪人应该准确地理解带看，每一次带看都会让房产经纪人离成功交易越来越近。房产经纪人需要明确带看的以下 3 个目标，如图 7–1 所示。

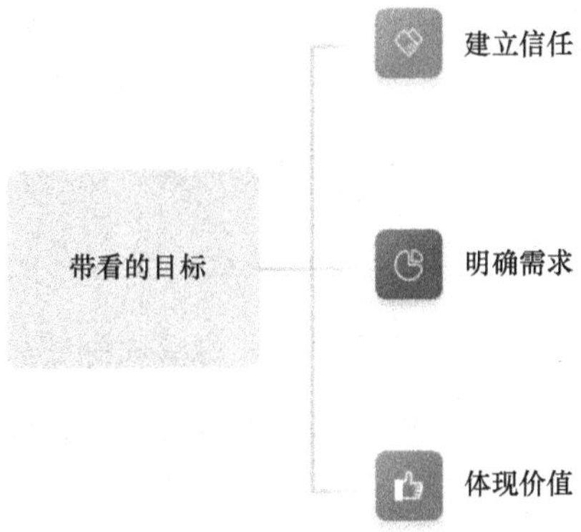

图7–1　房产经纪人需要明确的3个带看目标

（1）建立信任

带看是房产经纪人和客户面对面建立信任的最佳机会。许多房产经纪人的客户都源于线上，双方可能在微信上联系了两个月都没有见过面，如此根

本无法建立信任。

房产经纪人只有和客户面对面沟通，才能让客户知道自己的身高、样貌，才能让客户真实感受到自己专业、真诚、热情的服务，以及个人独特的优势。这些都是房产经纪人与客户建立初步信任的基础。

（2）明确需求

前文提到的客户需求的3个特点，第一个就是“客户对自己的真实需求不了解”。客户通过房产经纪人带看可以亲眼看到一些房源，他就会越来越明确自己是要两居室还是三居室、是要高楼层还是要低楼层、是要精装修还是要毛坯房等。同时，房产经纪人也能协助其判别出核心需求。

带看也是房产经纪人进一步了解客户状况的一个重要途径。通过带看时与客户的沟通，房产经纪人可以明确客户是否有购房资质、是否有贷款条件、首付款是否已经准备好等信息。

（3）体现价值

客户往往会对房产经纪人的佣金产生质疑，认为房产经纪人“什么都没做，就赚了很多钱”，而带看就是房产经纪人体现自己价值的最佳时机。频繁地带看、耐心专业地回答客户的问题、热情周到的服务，包括下雨天打着伞在车站接客户、到了房东家里主动拿出鞋套、临走时送客户上车等，这些都会让客户觉得物有所值。

7.1.2 制定带看策略

明确带看目标后，接下来就要制定带看策略。很多房产经纪人疑惑，一个简单的带看，为什么还要制定策略。因为通常情况下，房产经纪人需要为客户安排很多房源，带看数量、带看顺序和带看时间都需要制定相关策略。

（1）带看数量

如果房产经纪人有6套适合客户的房源，是选择一天内将6套房源看完，还是选择分成几天看呢？我的建议是多套房子分批看。例如，这 6 套房源最好分成两天带看。因为如果客户一天看 3 套房源，数量比较少，他还可以进行理性选择。但如果一天看 6 套房源，那么客户会感觉很疲惫，他的注意力会下降，有可能会因为选择太多而最终放弃，即使他已经看到了一套与自己需求非常匹配的房源。

为了更好地理解上述内容，这里列举一个在商场买衣服的案例。李小姐试穿了一件衣服，感觉非常满意。这时，店员过来说："小姐，您刚试穿的这件衣服只剩下最后两件，一件白色和一件粉色，您更喜欢哪件？"李小姐大概率会从两件里挑一件。但是，如果店长说："小姐，您刚试的这件衣服共有 6 个色系，而且还有 3 个相似的款式，您要不要都试一下？"此时，李小姐就会陷入难以选择的困境。

（2）带看顺序

房源超过两套就会存在带看顺序的问题。许多房产经纪人会纠结是先看远的，还是先看近的？是先看性价比高的，还是先看性价比低的？

这些选择都有各自的道理。先看远的，那么接下来的房源，客户会觉得比较近；先看近的，一步一步地越走越远，客户也会觉得较远的房源距离没有很远。先看性价比高的，客户会眼前一亮，然后通过后续看房进一步固化性价比高的房源在客户心目中的地位；先看性价比低的，可以一步一步地提升客户的满意度，最终成交。

任何方式都有它们各自的优劣势。房产经纪人不能固守特定的方式，而要根据客户的信任度合理安排看房顺序。如果客户的信任度较低，房产经纪人先给客户看性价比低的房源，客户很有可能看完第一套房源就走了，还在心中留下“这个房产经纪人不怎么好”的最终印象。但是，如果客户的信任度较高，带看顺序就不是很重要了。

至于远近问题，我的建议是房产经纪人可以选择由远到近，或者由近到远，再由远到近，但带看的最后一套必须离门店较近。如此一来，房产经纪人可以在带看完后和客户说：“我们公司就在附近，到我们那里去坐一会儿吧，喝杯茶，我再把房子的详细情况和您说一说。也许您对整个交易流程还不是特别了解，我给您策划一个好的方案……”此时，客户也走累了，而且门店就在附近，他们基本不会拒绝房产经纪人这样的安排。

（3）带看时间

带看策略中，最后一项就是带看时间。因为一般楼层低的房源会受方位和楼前遮挡物的影响，有采光不好的问题。对于这类房源，房产经纪人需要与房东协商好，在房源最明亮的时间带客户去看房，这样客户的体验最好。或者是在晚上看房，房产经纪人把房子里所有的灯都打开，客户的感觉也会是不错的。

7.1.3 带看前的四大准备工作

制定带看策略后，接下来就是做好带看前的四大准备工作，如图7-2所示。

图7-2　带看前的四大准备工作

（1）联系房东

联系房东是带看前首先要做的事项。房产经纪人除了要与房东约定几月几日几点看房以外，更重要的是与房东再次确定最新心理价格。有些房产经纪人不提前了解就带客户去看房，结果客户非常满意，而房东却说现在要350万元。房产经纪人反问道："不是345万元吗？"房东说："看的人多，现在最低价格是350万元。"此时，虽然客户可以理解是房东跳价了，但他一定会认为房产经纪人没有熟悉情况，让自己白跑一趟，因而极大地降低对房产经纪人的信任度。即使最后成交了，房产经纪人的佣金也很有可能会打折扣。因此，房产经纪人完全可以在带看前与房东联系、做好沟通。

如果房子有人租住，房产经纪人在看房前除了要与房东沟通，还要与住户沟通好，不然租客的不耐烦也会让客户很尴尬。

（2）计算成本

在带看过程中，客户一旦有意向，就可能会询问："这个房买进时要交多少契税？交易的成本是多少？"如果这时房产经纪人说"我还没算具体的金额"，客户会认为房产经纪人不专业。

为了体现自身的专业性，房产经纪人需要在带看前将每一套房子的交易税费算好，让客户有更好的看房体验，增加其对房产经纪人的信任度。

（3）熟悉路线

不熟悉房源的位置，房产经纪人会带着客户在小区里来回寻找带看的房源，也许还会不停地打电话问同事，或者不断找保安问路，最终浪费了客户的精力和时间，客户也会对其业务能力产生质疑。

为了避免发生以上情况，房产经纪人需要事先熟悉门店到房源的路线，并且观察清楚周围的路况；如果客户开车来，还需要告诉客户哪里方便停车；否则，车临时停在马路边会让客户因为担心被贴罚单而没有心思看房。

（4）带好工具

带看前的最后一项工作就是带好工具，我在此介绍常见的 12 种工具。

① 测距仪

如果客户需要计算未来家居的布局，那么测量距离的工具就必不可少。之所以选择测距仪，而不是卷尺，是因为用卷尺测量费时费力，而测距仪测量又快又准确。

② 鞋套

鞋套是每一位房产经纪人都必须携带的，但我的建议是使用布制鞋套。因为传统的塑料鞋套不牢固，如果客户穿着皮鞋或者高跟鞋，会很容易将鞋套弄坏。

③ 名片

虽然客户与房产经纪人已经相识，但房产经纪人还是要带名片。从业多年的房产经纪人都知道，客户极有可能带着朋友一起来，而这个朋友就是潜在客户，这时名片就会派上用场。此外，如果房东家里正好有亲戚或者邻居做客，那么这些人也会是潜在的房东或者客户，名片也会有大用处。

我的建议是房产经纪人身上至少常备 10 张名片。为了避免名片褶皱或破损，房产经纪人可以用精美的名片夹将其装好，这样也可以在拿出来递给潜在客户时体现自己的专业性。

④ 身份证和工牌

身份证和工牌是房产经纪人身份的证明，可以用于同行间借钥匙，也可以在进出高端小区时用于保安的查询。而且，规范佩戴工牌可以在客户心中留下良好的印象。

⑤ 指南针

客户看房时可能会问：“这个客厅是朝正南吗？怎么感觉有点朝西南呢？”这时房产经纪人与客户争执没有意义，远不如直接拿出指南针当场测试更有说服力。

⑥ 伞

伞可以在艳阳高照的晴天用于遮阳，也可以在阴雨连绵的雨天用于挡雨。房产经纪人可以带两把伞，主要考虑带看的客户可能是异性，共打一把伞会比较尴尬，而且遮阳和挡雨的效果也会大打折扣。房产经纪人准备两把伞，不但可以突显自己的细心，还可以增加客户的满意度。

⑦ 矿泉水

如果天气炎热或者带看的房源较多，房产经纪人可以准备几瓶矿泉水，因为客户很可能会带着家人、朋友一起看房。而且，我建议多花几元钱购买品质更好的矿泉水，能让客户产生更好的感受。

⑧ 糖果和小零食

糖果和小零食有两个作用：一是如果客户带着孩子来看房，糖果和小零食可以让孩子暂时安静，还能让客户感觉到房产经纪人的细心；二是万一客户在看房时出现低血糖症状，一颗糖就能让客户恢复状态。

⑨ 房源信息表

将房源信息表用 A4 纸打印出来，这样能供客户可视化查看。房源信息包括房屋所在位置、楼层、户型图、面积、价格、首付、月供等，如表 7–1 所示。

表7–1　房源信息表

基本信息　510万　40640元/m²　小区名称

户型：　建筑面积：

朝向：　建成年代：

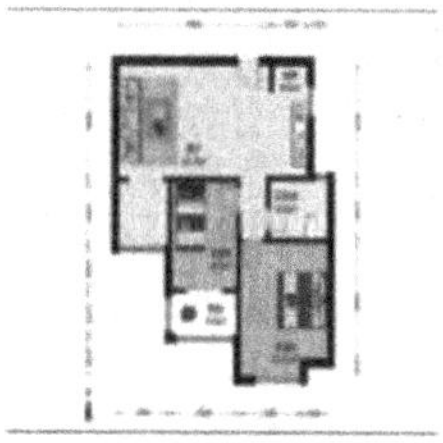

单价低，采光好，满五唯一，税费少

预计：			

服务费	
保障费	
总计：	

贷款种类	首付	贷款金额	年限	月供

总房款=　　　　元

房源信息可视化是让房产经纪人的工作价值被感知的一个重要步骤。在介绍完房源或者送客户离开时，房产经纪人将这张表交给客户，不仅可以体现自己的专业性，还可以提高客户的体验感，增强信任。

⑩ 税费精算表

需要与房源信息表一同准备的还有税费精算表，如表 7–2 所示。客户不仅会关注业主的报价，还会关注相关税费的交易成本。而税费不是一个简单的公式，每个地区都会有相应的税种和计算方式。纸质的税费精算表不但可以让客户清楚地知道自己要承担的费用，还可以体现房产经纪人的专业性，这种方式远优于大部分房产经纪人的现场手写演算。

表7-2 税费精算表

新个人房产交易税费表														
房屋状况		出售方					购买方							
年限	房屋类型	①增值税及附加税	②个人所得税	③交易	④上海房产税	⑤中介费	①契税 90m²及以下	①契税 90m²以上	②交易手续费	③登记费	④图纸费	⑤权证印花税	⑥上海房产税	⑦中介费
不满2年	普通	全额×5.35	全额×1%或差额×20%	2.0元/平方米	应税面积×单价×70%×0.4%×0.6%	1%	唯一1% 非唯一3%	唯一1.5% 非唯一3%	2.0元/m²	80元/套	25元/套	5元/套	应税面积×单价×70%×0.4%×0.6%	1%
	非普通		全额×2%或差额×20%											
满2年，不满5年	普通	暂免	全额×1%或差额×20%											
	非普通	差额×5.35	全额×2%或差额×20%											
满5年	普通	暂免	唯一住房：暂免 非唯一住房：全额×1%或差额×20%											
	非普通	差额×5.35	唯一住房：暂免 非唯一住房：全额×2%或差额×20%											
动迁房满3年	普通		全额×1%											
	非普通	暂免	唯一住房：暂免 非唯一住房：全额×1%											
动迁房满5年	普通	暂免	全额×1%											
	非普通		唯一住房：暂免 非唯一住房：全额×1%											

【说明】
一、普通住房（要同时满足下列三个条件）：
1.五层以上（含五层）的多高层住房，以及不足五层的老式公寓、新式里弄、旧式里弄等；
2.单套建筑面积在140平方米以下；
3.实际成交价格：低于同级别土地上住房平均交易价格1.44倍以下，内环线以内的低于450万元/套，内、外环线之间的低于310万元/套，外环线以外的低于20万元/套。
二、非普通往房（满足下列条件之一）：
1.建筑面积：高于140平方米（包括140平方米）；
实际成交价格：高于同级别土地上住房平均交易价格1.44倍（含）以上；
内环线以内的高于450万元/套，内、外环线之间的高于310万元/套，外环线以外的高于230万元/套。
2.上海房产税：适用税率暂定为0.6%，但对应税住房每平方米市场交易价格低于本市上年度新建商品住房平均销售价格2倍（含2倍），税率可暂减为4.4%；
本地户籍：首次购房免房产税；第二次购房家庭人均60平方米以内免房产税；
外地户籍：持有上海市居住证积分满120分的免税；持上海市居住证满三年免房产税。
3.××年度上海新建商品房均价为21501元/平方米，2倍为43002元/平方米。

⑪ 商圈图

商圈图也需要与房源信息表和税费精算表一起制作，其中需要包含房屋附近的超市、轨道交通、公交、菜市场、银行、商场、便利店和小区地图等详情介绍，以及今后的市政规划。而且，商圈图还可以展现房产经纪人的专业性，提升客户的信任度。

⑫ 资料夹

房源信息表、税费精算表和商圈图通常是准备让客户带走的。我建议房产经纪人在带看前应准备一个资料夹，第一页放置小区的介绍，第二页放置小区楼栋的分布图，第三页放置小区的商圈图，后面是小区的各种户型图，以及每种户型图的优缺点。还有小区的重点推荐房源，以及小区近 5 年的售房价格走势和租赁价格走势等信息都可以放在资料夹中。

房产经纪人应尽可能地将与房源有关的所有信息都放在资料夹里，这样在与客户沟通时可以让客户一边看资料，一边听自己讲解，使客户一目了然，更加直观。

7.2 带看中：房源介绍与客户异议处理

房产经纪人明确了带看目标、制定好了带看策略，并完成了带看前的四大准备工作后，接下来就要进行真正的带看了。在带看过程中，房产经纪人需要了解与客户交流的内容、介绍房源的方法、提升客户满意度的 3 个要素及客户异议处理方法。

7.2.1 与客户交流的内容

与客户见面后，房产经纪人除了可以聊客户的基本信息，还可以为客户讲解商圈、小区、房源、公司及自己的情况，如图 7-3 所示。

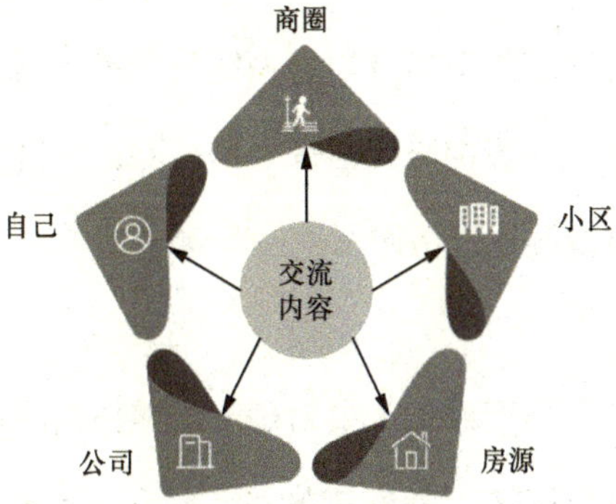

图7-3 房产经纪人与客户交流的内容

（1）商圈

房产经纪人对房源的介绍通常聚焦于客户关心的附近商圈配套设施，如附近的超市、公交、菜市场、银行、便利店等；甚至还包括市政规划，如新建的商场、轨道交通或大型配套设施等。

（2）小区

房产经纪人需要对小区进行详细的介绍，但因内容较多，所以房产经纪人可以采用时间线的方式进行讲解，包括小区的过去、现在和未来。

小区的过去主要是指开发商的背景、小区的建成时间、建筑风格、各个进出口的位置、整体建筑的坐落布局、主要户型与面积。除此之外，房产经纪人还可以介绍小区的开盘价和过去的成交历史，让客户了解小区过去几年的交易情况。

小区的现在主要是指目前小区居民的人员结构、一些固定活动、物业费/停车费/水电燃气等费用明细、目前房源的售价和租价，以及库存的房源信息。房产经纪人还可以与客户交流小区比较热门的户型和房东的售房心态等。

小区的未来主要是指房源的价格走势，为客户分析房源的未来投资空间，包括小区未来的周边商圈的规划、小区的潜在价值，以及什么样的客户群体会买这样的小区，描述购房群体买房的故事，分别从买房者、卖房者和行业内部人士的视角告诉客户房源的发展前景。

（3）房源

客户进入房源前，房产经纪人要对房源的整体情况进行描述。其中最主要的就是房东的信息，例如，房东是在哪年买的这套房产、当时买入价是多少，甚至房东在房子装修上耗费了多少精力、所用的装修材料是否都是环保材料、现在房屋内是否居住儿童、房屋是否经过设计改装、现在装修的保养情况等，这些都是客户关心的信息。除此之外，房东卖房的决策者是谁、房产证上有哪些人的名字、交易过户时房东是否会配合、现在房源内是否有租户等情况也是客户在交易过程中必须了解的信息。

（4）公司

除了商圈、小区和房源以外，房产经纪人还可以与客户交流自己所在公司的情况，这样有利于客户增强信任，以促成交易。介绍公司也可以用时间线的方式进行描述。

公司的过去包括公司成立的时间、公司品牌的塑造过程，以及公司定位、价值观、愿景等。如果公司曾经获得过某些奖项，例如，获得了"2021年最受消费者信任品牌"荣誉，这可以极大地增加客户的信任。房产经纪人甚至可以讲一些公司赔付的案例，以说明公司的责任和担当。如果没有以上信息，房产经纪人也可以讲公司是怎样发展起来的、其他客户对公司的评价等。

公司的现在包括现阶段的人员规模、主要服务地区和履行的服务承诺、公司在交易流程上的保障措施及从业人员的合规培训等。

公司的未来包括公司未来的规划、未来的人员规模、未来的业务范围和服务范围等。公司的这些未来发展规划就是客户的心理护栏，能够让客户放心地将几百万元、几千万元的交易委托给该公司，甚至为该公司做转介绍。

（5）自己

在与客户交流的过程中，房产经纪人也可以谈一下自己的情况，尽量找到自己与客户的共同点。斯坦福大学的格雷戈里·沃尔顿教授就曾提出关联性偏好，即人们往往会对那些与自己有相同经历或相关特质的人产生好感，无论这些关联性有多小。房产经纪人可以从以下 4 个方面寻找与客户的关联点。

① 家乡

在与客户交流的过程中，房产经纪人可以问客户的老家是哪里。如果房产经纪人和客户是老乡，那么双方就会格外亲切，但这样的概率并不高。不过，如果加上自己的父母、爱人、好朋友等，这个概率就会极大地提升。

② 性别

如果说同乡的概率很低，那么同性别的概率就很高了。男生或者女生都有着比较类似的成长经历，例如，男生喜欢足球、篮球、打游戏，女生喜欢看电影、看电视、逛街购物等。任何共同的经历，甚至不同性别面临的社会压力、家庭观等都可以成为房产经纪人和客户建立友好关系的切入点。

③ 年龄

如果发现客户与自己同龄，那么房产经纪人可以夸客户事业有成，很有实力；作为同龄人，房产经纪人也可以向客户请教如何成功，这样具备代入感的话题非常容易展开。如果两个人都有孩子，那么孩子的上学问题、就业问题等都是双方深入交流的切入点。

④ 兴趣爱好

如果既不是同乡，又不是同性别和同龄，那么只能找共同的兴趣爱好了。例如，双方可以一起聊最近很火的手游、最近的股票和基金走势，或者聊晨跑和羽毛球，这些都是不错的话题。有许多高端楼盘的房产经纪人为了能与客户打成一片，还会与客户一起跑步、游泳、健身和打高尔夫，这些都是从兴趣爱好的角度与客户拉近距离的方式。

除了以上 4 个方面，房产经纪人还可以通过描述自己的从业年限、获得的荣誉等证明自己的专业性，从而获得客户的信任。例如，告诉客户："我大学毕业后就从事房产经纪人工作，至今有 4 年的时间。"当然，房产经纪人也可以讲自己的职业规划，让客户还可以对其产生长期的期待。毕竟，每个客户都希望能有可以长期服务自己的专属房产经纪人，而不是过半年就再也找不到人了。

在带看前与客户接触时，房产经纪人可以围绕商圈、小区、房源、公司和自己 5 个方面与客户初步沟通以建立信任。在进入带看的房源后，房产经纪人就要详细介绍房源了。

7.2.2 FABE介绍法

我在辅导上千名房产经纪人时发现许多房产经纪人都是这样介绍房源的："王先生，这是一个 13 平方米的朝南的卧室，外面带了一个 4 平方米的阳台，采光很好……""刘小姐，这个客厅的面积有 25 平方米，外面是落地窗，宽 3.5 米，很宽敞；厨房的面积是 6 平方米……"

这样介绍房源的基本信息看似没有什么问题，但是客户自己就能够看到这些数据，并不需要房产经纪人一一介绍。因此，房产经纪人可以采用"FABE 介绍法"介绍房源，如图 7–4 所示。

FABE介绍法
- Feature　特性
- Advantage　优势
- Benefit　利益
- Evidence　证据

图7–4　FABE介绍法

FABE 介绍法是针对不同客户的购买动机，将最符合客户要求的房源推介给客户，并讲明房源的特性、优点及其可以为客户带来的利益的一种介绍方法。利用 FABE 介绍法，房产经纪人可以层层分析，不但使客户对房源有深刻了解，还能激发客户的强烈兴趣。

例如，"这个阳台宽 4 米，可以一边放洗衣机，另一边放储物柜，这样不会显得拥挤，还能方便您洗衣服和晾衣服。这是我上一个客户的装修效果图，您可以看一下。"在这句房源介绍中，"阳台宽 4 米"是房源固有的特性（F），"可以一边放洗衣机，另一边放储物柜，这样不会显得拥挤"是阳台宽度带来的优势（A），"还能方便您洗衣服和晾衣服"是客户购买房源后获得的利益（B），“这是我上一个客户的装修效果图，您可以看一下”就是证据（E）。

通过使用 FABE 介绍法，房产经纪人可以将房源的特性转换为客户可以直观感受的利益。“阳台宽 4 米”，客户对其本身并不关心，但是如果告诉他可以方便其洗衣服和晾衣服，就会提起客户的兴趣。

（1）F：房源的特性

房源的特性就是用眼睛能观察到的信息，包括面积、户型、层高、朝向、有没有电梯等。

（2）A：房源特性带来的优势

“A”是房源特性表现出来的直接功能效果，也就是产品特性衍生出来的优势。例如，房子朝东，客户就能每天看到初升的太阳；没有电梯，就可以节约公摊面积等。

（3）B：客户获得房源后的利益

“B”是指房源所能满足客户的某种特殊需求，或者能让客户感受到的某种好处。利益和优势的区别在于，利益是与客户相关的，而优势是与房源特性相关的。

房产经纪人在介绍房源时往往缺少利益描述，冷冰冰地告诉客户房源的特性和优势，而没有告知这些特性和优势能为客户带来的利益，但恰恰只有这些才能真正打动客户。为了更好地通过语言描述渲染客户利益，并且增强客户的体验感，房产经纪人可以在描述时加入场景式的感性介绍。我把它称为“五感法”，即利用视觉、听觉、嗅觉、触觉、味觉 5 种感觉对房源的利益做出描述，让客户场景式地感受到房子的价值。例如，“这个 6 平方米的厨房可以装修成开放式的白色时尚风格，您下班走到门口，推开门就能看到您漂亮的妻子系着花色的围裙在厨房忙碌的背影，闻到从厨房飘来的饭菜香味。您还可以在这个 25 平方米的客厅里放一台 60 英寸的电视机和一套松软的懒人沙发，晚上吃完饭后，您可以陪孩子一起在电视前打 Switch 体感游戏，享受孩子称赞'爸爸，你真厉害'的天伦之乐。虽然这个朝北的小房间只有 8 平方米，但它可以装修成粉色公主房，墙上挂满小孩的照片或她平时画的画，小孩一定很喜欢。这个落地窗的阳台有 5 平方米，足够摆一张 3 人坐的休闲椅，在夏天泡上一壶花茶或者咖啡，感受浓郁的味道，并与窗外的风景合为一体。然后，您拿着一本书，边看边在阳台上听树上鸟的叫声。"

当客户听到这些描述时，他会在脑海中闪过一幅幅的画面，而这些画面就是通过五感呈现的。例如，"白色时尚风格的厨房""花色的围裙""粉色公主房"等就是视觉，"爸爸，你真厉害""听树上鸟的叫声"就是听觉，"闻到从厨房飘来的饭菜香味"就是嗅觉，"松软的懒人沙发"就是触觉，"泡上一壶花茶或者咖啡，感受浓郁的味道"就是味觉。

通过五感的利益介绍，客户能在脑海中产生自己以后在这里生活的画面感，从而极大地提升了客户的购买欲望。

（4）E：房源优势及相关利益的证据

正所谓"耳听为虚，眼见为实"，房产经纪人说得再好，他也需要拿出可信的证据给客户看。例如，装修风格，可以拿其他房源的照片作为依据；高投资回报率，可以将近期附近房源的租赁合同给客户看；小区带看人很多，成交量大，就可以把近期的成交记录打印出来给客户看。

在使用 FABE 介绍法时，房产经纪人往往会忘记某部分，所以我创造了一个模板句式："因为……所以……对您而言……您看……" 这 4 句分别对应的就是 F、A、B、E。

①"因为" 后面是房源的特性（F）。

②"所以" 后面是房源的优势（A）。

③"对您而言" 后面是房源的利益（B）。

④"您看" 后面是证据（E）。

例如，"因为开发商采用了转换层结构（F），所以每一户都是隐梁隐柱（A）。对您而言，得房率提升了，您想怎么装修就怎么装修，可以尽显气派（B），您看这是房屋的结构图和其他房东的装修图片（E）。"

7.2.3 提升客户满意度的3个要素

FABE 介绍法是房产经纪人向客户介绍房源的通用方法。除此之外，房产经纪人还需要从以下 3 个方面提升客户的满意度，如图 7–5 所示。

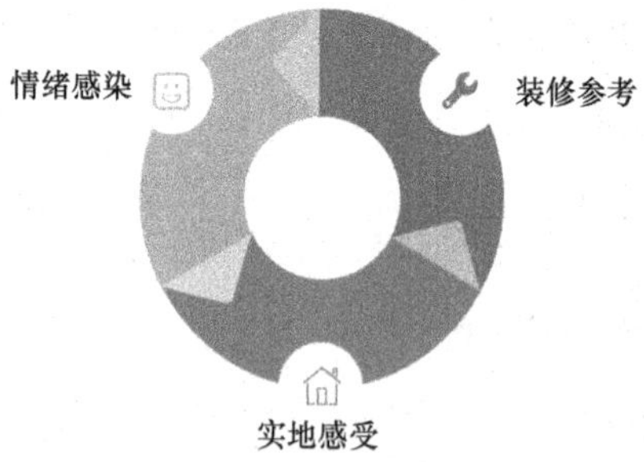

图7–5　提升客户满意度的3个要素

（1）情绪感染

使用 FABE 介绍法介绍房源时，为了能够让客户感知这个房源就是其梦寐以求的家，房产经纪人不能很公式化地讲解，而是需要配合自己的肢体动作和表情，将激动的情绪表达出来，然后感染客户，从而让客户更快地跟着自己的节奏进入看房的体验中。

例如，在介绍书房时，房产经纪人可以直接走到房间正中，用手指引并激动地说：“张先生，我之前的一个客户就是在左边这里放了一个落地的大书架，在右边放了一个大的老板桌，如果您喜欢简约风格，这里还可以放一个落地的台灯。此外，这边还可以设计一个隐藏式的推拉床，万一家里来客人了，可以临时住一晚上，对吧？”在说的时候，房产经纪人需要一边做动作、一边移动位置，眼神要不断地与客户交流。这时客户也会跟着想象，逐步在脑海中刻画出这个房子将来的模样。

（2）装修参考

前文说过，房产经纪人不仅仅是卖房子，还要根据客户需求提供完整的解决方案。因为客户的需求是一个家，而家离不开装修，所以房产经纪人需要学一点装修技巧，以供客户参考。

例如，房产经纪人小秦在带看过程中发现，客户对房子南北通透、客厅朝南的特点很满意，但这个客厅旁挨着小书房，书房的面积不到 7 平方米，客户有点迟疑。于是，小秦走到书房里说：“您看，储藏室和书房中间不是承重墙，您可以打通，然后做一个毛玻璃屏风，这样既能省空间又能采光。如果您储藏的东西不多，还可以将屏风往储藏室里移一移，这样书房就大多了。储藏室里的东西不会打扰到您办公，使用功能还是一样的。或者您可以把这面墙做成书架，这样不仅能放书，还能当隔断墙使用，一举两得，您觉得呢？”客户听完后可能非常满意，然后就进入价格谈判环节了。

在上述案例中，小秦能化解客户对书房面积小的疑虑，主要源于他了解户型布局设计、室内装修设计和生活场景设计等知识。这些内容不需要房产经纪人耗费很多时间学习，只需要在平时的碎片时间多看装修相关的文章和信息，经过 1 ～ 2 个月的积累，基本就能掌握了。例如，厨房如何设计比较合理、装修主要分为哪些风格、沙发和地板的颜色怎么搭配、地板分哪 3 种主要材质、卫浴性价比高的有哪些品牌等，当房产经纪人说出相关的信息时，客户眼前就会浮现生动的画面，客户对房子的感受更加深刻，更容易产生购买的欲望。

（3）实地感受

房产经纪人在与客户讲解房源时，要尽可能多地让客户直接去感受。例如，如果小区的绿化非常好，房产经纪人就可以一边用 FABE 介绍法向客户介绍绿化的优势和利益，一边带着客户在小区的园林里走一圈，让客户感受郁郁葱葱的绿色和清新的空气；如果房子南北通透，采光非常好，房产经纪人就可以在白天带客户来看房，打开窗户，让客户亲身感受到通风的效果和充足的阳光；如果带看房源的楼层比较高，那么房产经纪人可以带客户眺望远处，感受眼前的开阔视野，并对客户说："您看，是不是能看见 10 公里外的东方明珠电视塔？"

情绪感染、装修参考和实地感受需要配合 FABE 介绍法，将客户置身于房源之中，置身于房产经纪人构建的"家"中，让客户从各种感官方面多与房子互动并主动参与房子规划，让客户对于在这套房子里生活有画面感，对这套房子有占有欲。

7.2.4 客户异议处理：3F法则

在带看过程中，客户往往会提出各种异议。当然，大部分情况下，客户提出异议不是想挑战房产经纪人，而是他产生了购买的冲动，但有些疑惑需要解决。房产经纪人能否当场回应并化解客户的疑虑，就决定了其转化成交的概率。如果客户的异议没有被妥善解决，客户就会产生不安全感，意味着客户不会确认购买。

我在对近百名房产经纪人进行采访调查后发现，大部分房产经纪人对于客户的异议通常采用的是辩论式回应。例如，客户说："小李，这套房子采光不是很好！" 房产经纪人小李马上回应："刘大哥，怎么会呢？你看这里虽然是 2 楼，但前面并没有什么遮挡。" 再如，客户说："小李，这套房子的卧室太小了，有点挤。"房产经纪人会回答："陈小姐，这个卧室不小啊，有 12 平方米，现在的房子都是这样的设计。" 虽然房产经纪人举出了 "12 平方米" 这个数字，并且用 "现在的房子都是这样的设计" 的普遍现象驳斥客户，但这样辩论式的回应只会让客户感觉到被否定，客户会下意识地强化自己的立场。结果往往导致后面房产经纪人说的话，客户听不进去。所以，房产经纪人遇到客户表示异议时要先表示同意，然后慢慢地使用 3F 法则表达自己的意见。

3F 法则中"3F"分别代表 Feel、Felt 和 Found，它们的含义如图 7-6 所示。

客户异议处理3F法则
- Feel　感觉
- Felt　感受
- Found　发现优势

图7-6　客户异议处理3F法则

例如，前文的案例中客户提出异议："这套房子的卧室太小了，有点挤。" 这时，房产经纪人首先要关注客户的感觉，对她说："陈小姐，我完全理解你。" 然后告诉她其他客户也有同样的感受："我们这个月卖掉了两套同类型的房子，客户在第一次看时和你有同样的感觉。”这样房产经纪人就不是在反驳客户，而是同意客户的观点，可以成功地淡化客户的逆反心理；最后，房产经纪人再告知客户自己的发现，也就是找到客户提出的异议问题的相关优势，对客户说：“您知道吗？这个房屋的设计符合新小区的设计特点，就是客厅大、卧室小。现代人大部分的活动地点都在客厅，卧室主要用于睡觉，这个房间放一张 1.8 米的大床和一个衣橱是没有问题的。开发商把户型设计得紧凑精巧，没有面积的浪费，您觉得呢？”

在面对客户异议时，房产经纪人通过 3F 法则不但可以一步步地化解，而且也不会让客户产生反感。为了能让房产经纪人更灵活地运用 3F 法则，以下提供了 5 种常见的客户异议化解案例。

（1）客户异议：“项目能否按时交房？”

您是担心交房会太晚，对吗？（感觉）

您的担心我理解，很多客户在第一次购买一手房时都会有这个顾虑。（感受）

可仔细分析一下，我们现在开发的是一期工程，后面还有二期、三期，项目方都已经买好土地了；作为第一个项目，这套楼盘就是要创口碑的，如果项目方不能按时交房，我们的二期和三期工程谁还敢买？更何况我们公司代理的几十个房地产开发项目还从未出现过逾期交房现象，都是提前交房的。（发现优势）

（2）客户异议：“我不喜欢装修风格。”

您觉得这套房子的装修风格不是自己最喜欢的，是吗？（感觉）

我很理解您的想法，毕竟这不是自己装修的，根据以往经验，装修房确实不会有绝对让人满意的。（感受）

可您仔细看，这套房子的装修只有 4 年时间，虽然色调比较暗沉，但并不过时；传统的装修特点就是耐看、实用，更何况现在都是重软装而轻硬装，小地方略做改动，整体感觉就会有很大的不同。而且，对您来说，买装修房至少可以省10万元，以及至少两个月的装修精力成本呢。（发现优势）

（3）客户异议：“房子的采光不好。”

张小姐，您是觉得这套房子采光不够好，对吗？（感觉）

很多客户看到这种户型后，感受和您是一样的。（感受）

我们仔细分析一下，这套房子的优点是餐厅和卫浴的采光可以通过开一个小窗户来解决，而且卫生间本来就是很私密的地方。现代人的饮食环境很重要，餐厅部分改装成比较漂亮的装饰灯具，会很温馨。卧室一般都是休息的地方，对私密性要求同样较高，也不需要太明亮。我看楼下王叔叔的装修就是这样处理的。您觉得呢？（发现优势）

（4）客户异议：“这套房得房率太低，公摊面积大。”

张姐，您是觉得这套房子的得房率低了，是吗？（感觉）

我特别理解您的顾虑，很多购房的客户在刚开始看这种户型时都有和您相同的感觉。（感受）

但您知道吗？在仔细研究这个问题后，我们发现公摊面积大其实也是有好处的。公共部分比较宽敞，不拥挤，能增加您的居住舒适度，这也是楼盘品质的表现。宽敞的消防通道便于应对火灾等紧急情况，这是必需的安全措施。通风井、采光井等设施都是必要的，这都是为整栋楼的业主服务的。（发现优势）

（5）客户异议：“房屋朝西面，不是很好。”

李先生，您是觉得这套房子朝西，担心西晒，对吗？（感觉）

我特别理解您的顾虑，很多买了朝西户型的客户刚开始都有和您相同的感觉。（感受）

当您仔细看这种朝西的户型后会发现，虽然朝西，但是室内采光非常好，房间亮堂。其实到了夏天，不管哪个朝向都会很热，总归要开空调的。而且，客厅有阳光进来会显得整个房间更有生气。卧室主要是晚上休息，一般都会有窗帘，西晒不会影响到生活。您说呢？（发现优势）

7.3 带看后：提高转化率的4个黄金指标

完成带看后，房产经纪人不能坐在门店里静静地等待客户的回音。这样被动等待的结果往往会让房产经纪人失望。带看后如何做才能够提高转化率，这是每一个房产经纪人都非常关心的问题。根据我十几年的经验，房产经纪人可以通过以下 4 个指标提高带看的转化率，如图 7-7 所示。

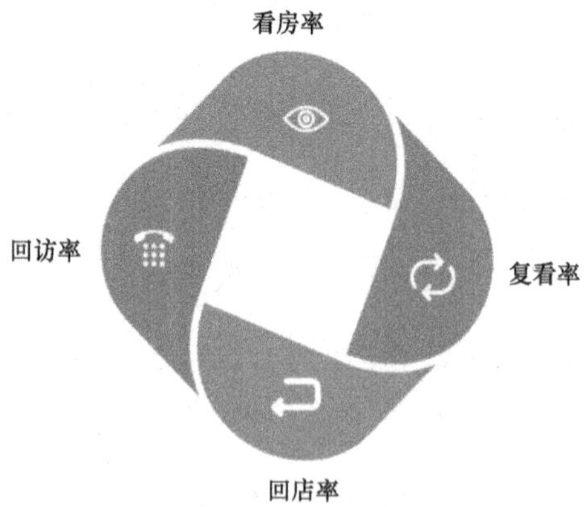

图7-7　提高转化率的4个黄金指标

7.3.1 看房率

看房率就是让客户尽可能多地看房子。客户从看房到最后做购买决定，一般有 3 个阶段，如图 7–8 所示。

图7–8　客户从看房到最后做购买决定的3个阶段

（1）做比较

从客户买房的心理来说，客户总希望有更多、更好、更便宜的房源可以选择，他们总想做比较。特别是在看房初期，客户一般不会看过一两套房就马上购买，一方面是因为他对自己的需求不是很明确，另一方面是因为他对市场上的房源信息不了解，需要通过多次看房修正自己的需求。

（2）做筛选

前期看过多套房源后，客户开始了解市场上可供选择的房源的具体信息，如户型、面积和价格等。然后，他会根据自己的实际需求和能力情况进行筛选，从而锁定自己比较中意的若干套房源。

（3）做决策

客户会在中意的若干套房源中寻找性价比最高的房源进行购买决策，最终完成整个购买过程。

性价比高的房源往往成交周期非常短，3 ～ 5 天就会有人购买。如果客户看房少，那么第一时间获得这些信息的概率也会降低。一般而言，市场上房源供需比约为 1 : 3，市场上升时期约为 1 : 5，也就是一套房源会有 3 ～ 5 个客户产生购买欲望，进行竞争。所以，让客户多看房，多有几个备选房源，可以增加成交概率。

多看除了有利于客户买房，还有利于房产经纪人与客户之间的信任搭建。因为多看意味着房产经纪人有更多的时间与客户相处，在一起的时间长了，房产经纪人对客户的需求也会把握得更准。

7.3.2 复看率

复看就是客户二次或多次看同一套房源。提升客户复看率有什么好处呢?

案例

客户张先生一直想在绿地小区买一套南北通透的房子，但此户型一直没有出售的，于是房产经纪人小李为客户推荐了一套位于3楼的双南户型。张先生说:“小李，这套房子我看过了，双南户型的价格还可以，但我还想再看看南北通透的户型。”又过了一周，小李打电话约客户看房:“张先生，这边出来了一套南北通透的户型，看的人很多，您抓紧时间过来。”

张先生看完后发现，这一套不仅是毛坯房，而且价格比他的预算高30万元。这时，小李又推荐了一次双南3楼的房子，张先生的太太说服他:“老公，南北通透的房子好是好，但太贵了，不值得。”小李连忙说:“上次是您自己看的双南的那套，这次您太太刚好在身边，要不陪您太太再看一次?”于是，小李带过去复看，没想到客户太太看到那套房子的装修就特别喜欢，而且价格也在他们的预算范围内，最终就定了那套双南的房源。

一个区域内房产经纪人掌握的在售房源信息都差不多，当客户的需求和市场上可供选择的房源信息不匹配时，客户要么提高预算，要么降低要求，所以客户有可能会返回来买之前看过的房子。因此，复看对于成交转化来说特别重要。

复看可以让客户多次沉浸式感知房子的价值。很多客户可能因为赶着回公司开会或者要参加孩子的家长会，第一次看得比较匆促，所以对房子的优势了解得不清楚。

复看还可以维持和强化客户的需求及信心。因为长期不看房子，客户买房的信念会下降，他会思考“现在都没有我要的房子，要不等半年后再说吧”，这样房产经纪人就会失去一个客户。而复看可以激发和强化客户买房的需求和信念。

复看十分重要，所以我建议房产经纪人可以采用与不同的对象复看和在不同的时间复看这两种形式，邀约更多的复看。

与不同的对象复看是指让其他决策人或者同住的人一起再看一次房源。在不同的时间复看是为了不同的体验感。例如，第一次是下雨天看，那么复看可以安排在晴天，从而查看采光。如果第一次是白天看，那么复看可以安排在晚上，听听附近的声音是否嘈杂。

通过复看，房产经纪人可以让暂时找不到满意房源的客户降低自己的要求，从而完成交易。

7.3.3 回店率

回店率就是带客户看过房源后，客户又回到房产经纪人门店的概率。提高回店率有以下四大作用。

（1）气场更足

门店是房产经纪人熟悉的地方。把客户带到门店，房产经纪人会更加自信，气场更足。

（2）有人帮忙配合

回到门店后，店里有经理、店长及其他同事等一起配合，远比房产经纪人一个人“单打独斗”更好。

（3）增强客户的信任

许多客户是从线上获取房源信息，由于时间关系直接约了带看。如果房产经纪人能把客户带到门店，让其知道自己有正规门店，可以极大地增强客户的信任。而且，如果门店环境干净、同事积极友善，可进一步增强客户对门店服务的信任。

（4）深入了解客户需求

客户回到门店后，房产经纪人第一件事就是倒上一杯水，邀请客户到会议室就坐，这样无形中增加了房产经纪人与客户接触的时间。双方聊得越多，房产经纪人对客户信息的了解就会越多，能更深入地把握客户的需求，有利于整个交易的完成。

提高回店率对交易的达成有很多好处，房产经纪人约客户回门店通常有以下 5 种方法，如图 7-9 所示。

（1）回店休息

客户看房较疲惫后，房产经纪人可以对客户说：“张姐，小区对面就是我们的门店，今天看了一上午，我们回店里坐一坐，喝杯水，休息一下。”客户通常不会拒绝。

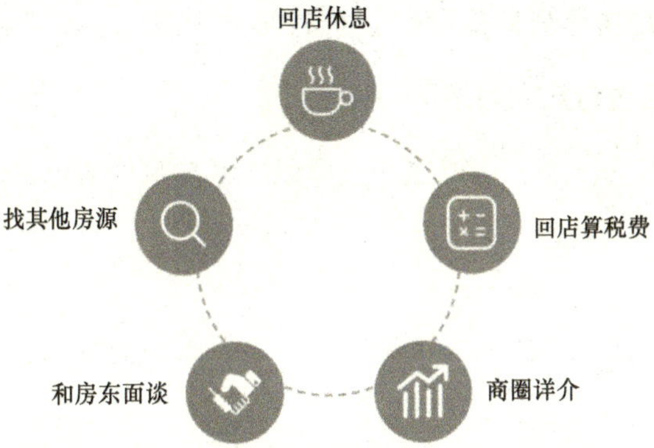

图7–9　房产经纪人约客户回门店的5种方法

（2）回店算税费

客户看了几套房源后，往往会对其中一套比较中意。这时。房产经纪人可以说："李总，刚刚带看的 3 套房里，恒大花园这套房还是挺适合您的。我带您回店里，给您算一下具体的税费，这样方便您回去参考。"

（3）商圈详介

虽然房产经纪人在带看前已经简单地向客户介绍了附近的商圈情况，但因为时间有限，客户没有系统地了解。这时，房产经纪人可以对客户说："王叔叔，这个小区的升值空间可不一般，应该是整个区域中最"低洼"的小区了。我门店里有详细的介绍视频，还有市政规划的政策报告，我们回去详细看一下吧。"

（4）和房东面谈

如果客户购买的意向强烈，而且购房和贷款资质都没有问题，那么房产经纪人就可以将房东约到门店进行面谈，趁热打铁，让这笔交易尽快完成，减少中途出现意外的可能性。

（5）找其他房源

如果当天带看的几套房源没有适合客户的，房产经纪人可以说："陈阿姨，今天带看的这几套只是我们公司的部分房源，房源系统里还有另外几套，我们回门店去帮您联系一下……”

通过以上 5 种方法，房产经纪人可以将客户带回自己的门店，为成交争取时间。

7.3.4 回访率

如果客户在看房后因为有事直接回家了，或者说要回去考虑一下，那么房产经纪人要主动进行回访。回访不只针对客户，也针对房东。

（1）回访客户

通常情况下，房产经纪人会在当天晚上回访客户，目的是收集更多的信息、强化客户的购买意向。

① 收集更多的信息

在带看过程中或在门店面对面的情况下，客户不一定会将自己的真实想法说出来。而在电话里，客户更容易说出自己的真实想法。例如，有一套房子，客户比较喜欢，但首付不够，有些客户就不好意思当面说出来。

② 强化客户的购买意向

对于一笔上百万元甚至上千万元的交易，客户在做决策时犹豫是很正常的情况。虽然房产经纪人错过了当场签单的时机，但不代表后面就没有机会成交。房产经纪人可以在电话里强调房子的优势，为后续的成交做铺垫。

（2）回访房东

房产经纪人往往会记得回访客户，但忽略了回访房东。如果能够及时地回访房东，房产经纪人可以给房东留下好印象，为接下来的谈判建立信任基础。对于诚意卖房的房东而言，他们在客户看房后最关心的是客户有没有看中房子、房子价格高不高，但是大部分房产经纪人都会忽略这一点。

我在一线做房产经纪人时带看过一套房，看房的当天便给房东打电话，反馈了客户的情况。这位房东阿姨特别激动地告诉我："小卿，我这房子挂出两个月了，你是第一个在客户看房后给我打电话的房产经纪人，谢谢你！"后来，这套房被我的客户和同行的客户同时看中，最终阿姨选择和我的客户交易。这和我之前的回访反馈有直接的关系。

回访房东时，房产经纪人可以从以下 3 方面向房东反馈。

① 客户的情况

告知房东看房人信息、购房预算和基本想法等，这样可以让房东对自己的市场定价高低有清楚的定位。

② 客户对房子的评价

例如，客户对房子不满意的地方、客户家里人的意见等。房产经纪人反馈多了，业主就知道自己的房子应该卖给什么样的客户。

③ 客户的出价

房产经纪人通过反馈客户的出价，可以明确房东是否还有降价空间。需要注意的是，反馈给房东的客户出价要比客户的出价低一些，否则价格没有差距，就会失去最重要的谈判筹码，后期就不好协商其他条件了。

第8章

收取购房意向金并与客户谈判

客户有购买意向后，房产经纪人会发现客户与房东的需求往往不能完全匹配，这时需要房产经纪人代表客户与房东沟通。因此，房产经纪人可以先收取购房意向金，之后携带意向金与房东谈判。与房东谈判不成功时，房产经纪人有必要进行三方谈判，即房产经纪人、客户与房东三方面谈。本章重点介绍了与房东谈判的7步法、三方会谈的准备工作、三方会谈的法则和危机处理方法，以及化解客户异议的方法。

8.1 与客户谈判，收取购房意向金

带看体验环节之后就是成交谈判环节。许多房产经纪人认为“成交谈判就是房东与客户坐下来，房产经纪人从中调节”，这种认识是非常狭隘的。其实，成交谈判是从客户看完房、房产经纪人向客户收取购房意向金时就已经开始了。

购房意向金就是客户为了表明购买某套房的意向而支付的保证金。很多刚进入房产经纪人行业的人都会问：“为什么不直接见面谈？收意向金多麻烦啊！”这是因为客户与房东的需求往往不能完全匹配，需要房产经纪人代表客户与房东沟通，如果与房东沟通成功，但客户又不要了，那么房产经纪人就会白忙一场。而且，房东很有可能认为自己被骗了，从此不再信任和自己谈价的房产经纪人。所以，购房意向金就是客户委托房产经纪人和房东沟通时促成交易的重要凭证。

8.1.1 客户支付购房意向金的3个优势

客户一旦支付了购房意向金，那么这场成交谈判就算正式开始了。而支付购房意向金对于客户来说有 3 个优势，如图 8-1 所示。

（1）争取优先谈判主动权

一套房可能同时有多个房产经纪人在联系跟进，也许自己门店的同事也有客户在带看。面对那么多竞争者，房产经纪人要做的就是为自己的客户争取到优先谈判的主动权。这时让房东看到意向金，房东大概率会优先与其谈判。

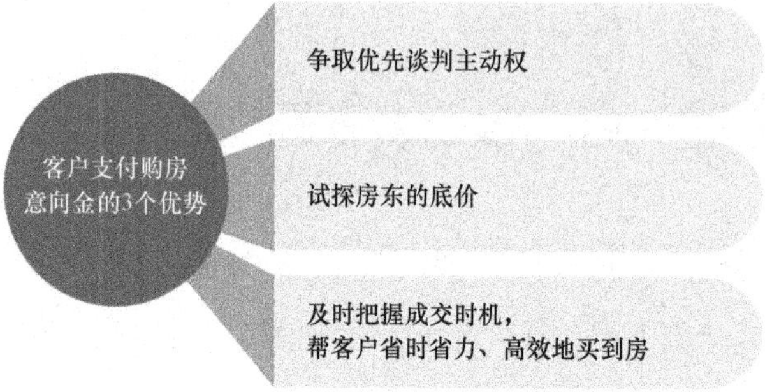

图8-1　客户支付购房意向金的3个优势

支付购房意向金的优势，房产经纪人完全可以先告诉客户："我们有了您的意向金，在与房东商谈时会占得先机和主动权。一般交了购房意向金的客户也是第一个接触房东的人，房东有先入为主的倾向，会优先选择与您达成交易。"

（2）试探房东的底价

如果站在房东的立场思考，房东每天接到数十个类似于"房东，您好！想问一下，如果客户诚意买房，您最低什么价格能卖"的电话。房东一定会心里嘀咕"这肯定是来试探我底价的"，然后就会朝着电话大吼道："有客户在和我谈，现在空谈没有用！"

这时，购房意向金就能表明真的有客户诚意买房。房产经纪人在与房东商谈时让房东看到购房意向金，就能有机会得知他的心理价位，进而顺利地沟通。而这个优势可以通过以下方式告知客户："意向金说明了您的购房意向。您可以将购房价格、付款方式、交易时间告诉我们，委托我们与房东商谈。房东在出售房屋时会接到很多电话探听价格，一般很难得知房东的底价。如果我们带着您的意向金与他商谈，他看到您的诚意，即使不能达到您满意的价格，也肯定会透露底价。这对您来说有多么大的参考价值啊！"

（3）及时把握成交时机，帮客户省时省力、高效地买到房

如果房东没有时间谈判或者不在本地，房产经纪人等着房东有空闲时间再进行谈判，那么很可能会错过成交的黄金机会。

如果客户支付了购房意向金，那么房产经纪人完全可以受客户的委托，带着客户的意向金和定金协议，根据房东方便的时间和地点去主动沟通，甚至前往异地找房东。一旦沟通条件和价位达成一致，就可以直接签约。这对于客户来说，把握了成交时机，省时省力，高效地买到了房。

支付购房意向金的这个优势，房产经纪人可以这样与客户说："我们会第一时间与房东取得联系，如果他不能过来，我们会主动去他的所在地。哪怕他在外地也没问题，我们一定在第一时间促成交易。您委托我们商谈，如果房东同意了，这样日后签约时您就不必再与房东谈判，直接签字即可，能为您节省不少时间。另外，如果价格和条件达成一致，我们会直接将您的意向金交给房东，房东收下后会作为您购房的定金，这对于您来说也是一种保障。"

8.1.2 判断客户购房意向的7个特征

对于客户来说，支付购房意向金具有可以争取优先谈判主动权、试探房东的底价和及时把握成交时机的优点。但并不是所有客户都会支付购房意向金，许多客户嘴上说"房子不错"，其实心里却不满意。如果客户表现出以下 7 个特征，如图 8-2 所示，那就说明客户非常有购房意向，房产经纪人可以向其收取购房意向金了。

（1）深入询问房源信息

客户一旦对某套房子感兴趣，他通常会问以下 3 个方面的信息。

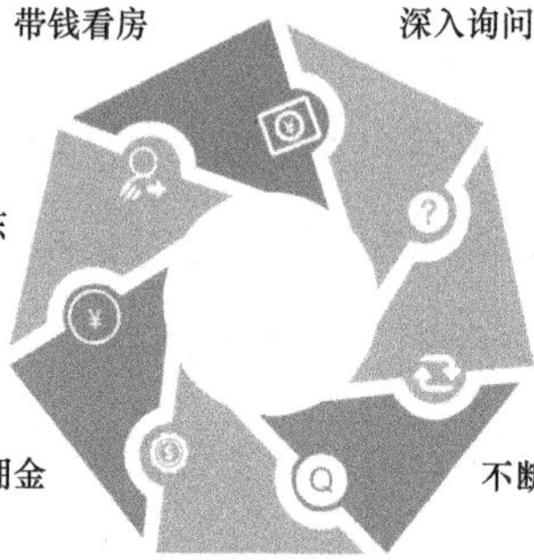

图8-2 判断客户购房意向的7个特征

① 交易信息

交易信息是房屋交易过程中的一些信息。例如，二手房买卖的交易流程要多长时间，自己需要交多少税费，每个月的贷款及还款额是多少，等等。例如，我的一位客户在看完一套房后，马上给他在房管局的朋友打电话了解交易的相关信息，第二天就要让房产经纪人给他拉产调，他还亲自跑到交易中心询问。这些行为能非常明显地表示客户对房子有购买意向。

② 小区未来的发展和规划

除了询问房子的交易信息以外，客户询问房子所在区域未来的规划和发展怎样、会不会开通地铁、附近会不会有商场等信息，也是客户对房子有购买意向的特征。

③ 房子的信息

如果客户对房子有意向，就少不了会问房子的详细信息，如房东什么时候可以交房、首付要多少，甚至会问有没有漏水、下水道堵不堵，连用的电线是什么品牌都会询问。客户询问的信息越细致，表示客户买房的意向越高。

（2）主动要求复看

主动要求复看也是客户有购房意向的明确特征。客户如果有意向买房，通常都会对购买决策非常谨慎，会通过复看深入了解房子的具体情况，甚至三看、四看。

（3）不断提出异议

很多新房产经纪人会陷入一个误区，觉得客户提出异议是这位客户没有诚意。但是，经验丰富的房产经纪人就会觉得，客户提出的问题越多，说明客户越有诚意想买。例如，首付太高是否可以少一点、厅太小、主卧的采光不好、卫生间太小、装修有点老旧等，这些异议都是客户对房子有购买意向的重要特征。

（4）还价

基本上有购房意愿的客户都会还价，但是会还价的不一定有购房意向，客户还价的目的很有可能是为了拒绝。例如，300 万元的房子还价到 260 万元，很明显 40 万元的差距远远超过了正常还价的空间，这样的客户其实并没有购房意向。

（5）谈佣金

有购买意向的客户才会计算购房成本，而计算购房成本时必定会计算佣金。如果客户与房产经纪人谈佣金，那就说明客户已经在计算购房成本了，这充分体现了客户的购买意向。

（6）要求约房东

当客户要求约房东时，通常是客户想与房东直接面谈价格。虽然客户没有经过专业的谈判训练，直接与房东面对面谈判往往以失败告终，但是客户提出要与房东谈，就说明他非常有购买意向了。

（7）带钱看房

有些客户看房时随身携带了身份证和银行卡，甚至带了数万元现金。这说明客户已经想好今天可能会付定金，甚至签合同。这种客户的购买意向是最直接、最明显的。

8.1.3 化解客户对意向金的异议

有些客户虽然很有购买意向，但毕竟第一次接触购房意向金，对意向金不太了解，会对意向金有异议而不愿意支付。房产经纪人可以通过以下 4 种方法让客户心甘情愿地支付意向金，如图 8-3 所示。

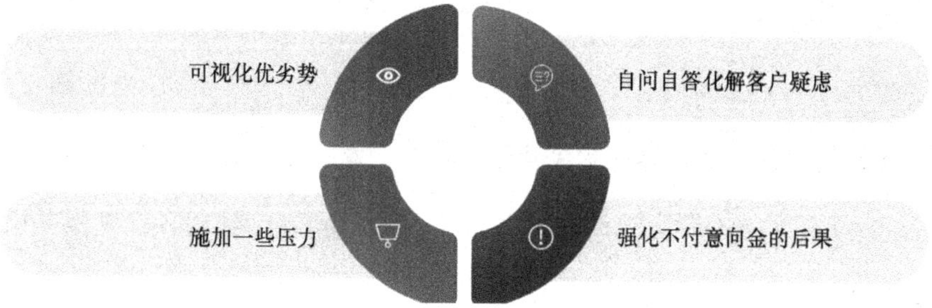

图8-3　化解客户对意向金异议的4种方法

（1）自问自答化解客户疑虑

房产经纪人直接问客户为什么不愿意支付意向金，客户往往不会说出心里话。这时，房产经纪人可以通过自问自答的方式化解客户心中的疑虑。

例如，房产经纪人可以与客户说：“对于意向金，请问您有什么疑虑？是不是清楚意向金的作用呢？我现在带您看的房子，您还是比较满意的，但价格方面需要与房东谈。谈价格有两种方式。一种是您直接跟房东谈，但前提是您的谈判能力很强。而以我的经验来看，客户与房东直接谈，大概率会谈不成功。另一种是您报一个预期的价位，委托我们与房东谈判。按照我们以往成功的案例，需要您先把一部分购房金额委托我们交给房东，表明您的诚意，这就是意向金的作用。当然，房东同意了您的需求，那么您的这部分意向金就被房东收下作为购房定金了，我们就会安排签订合同的时间。如果最终房东没有同意您的需求，那么这部分意向金会全部退还。我们有正规的委托定金收付书，还有正规的收据，上面印有公司的财务章；在意向金支付到房东手中前，您都有权利拿回意向金。

是不是担心价格高了？我想您看房有一定时间了，您对这个区域的价格一定比我还清楚。还是您对我不够信任？我想这肯定不可能，咱俩联系也有一段时间了，您也了解我的服务，再说我一直都是站在您这边为您考虑问题的。

如果有什么顾虑，您就直接告诉我。如果没有顾虑了，您就别再犹豫。如果让其他看房的客户先交了意向金，那这套好房就再也没有了！您说呢？”

（2）强化不付意向金的后果

如果自问自答不能化解客户的疑虑，那么房产经纪人就可以通过强化不付意向金的后果刺激客户支付。例如，房产经纪人可以对客户说：“张先生，假如您没有交意向金，想约房东谈，但这时别人交了意向金，那咱们只能把机会给别人。如果发生这种事情，那咱们不是太可惜了吗？而且，我们一直与房东沟通，房东的价格也已经有所松动，如果这时其他客户交了意向金，那咱们不是给别人做嫁衣了吗？

如果房东能过来与您直接面谈，您不是专业的置业顾问，也没有谈判的经验和能力，很多条件您也难以启齿。您委托我们来商谈，比您自己与房东谈的成功率要高许多。假如您直接与房东商谈失败了，再委托我们商谈，这样的局势对您是很不利的。基于我多年的从业经验来看，这些都是血的教训啊！”

（3）施加一些压力

经过上述努力后，如果客户还是不为所动，那么房产经纪人可以适当给客户增加一些压力。例如，房产经纪人可以对客户说：“您买或不买，我们都尊重您的意见，但我们建议您今天应该做出决定。如果买，您也能快点拿到房子。如果不买，也是在节省双方的时间，我们可以继续为您找其他更合适的房子。”

（4）可视化优劣势

如果以上方法都不能打动客户，那么房产经纪人可以将支付意向金的优劣势写出来，让优劣势可视化。在表 8-1 中，左边书写支付意向金的优势，右边书写支付意向金的劣势。

表8-1　支付意向金的优劣势

支付意向金的优势	支付意向金的劣势

客户在对比支付意向金的优劣势后，自然会做出相对明智的选择。

8.2 携带意向金与房东谈判的7步法

房产经纪人收取客户的意向金后，要尽快与房东谈判以促成交易。与房东的谈判工作可分为以下 7 步，如图 8-4 所示。

① 联系房东，约定面谈的时间和地点
② 确认所有材料齐全且合规、有效
③ 确定人员分工
④ 盘点谈判条件
⑤ 告知客户谈判，强调价格差距
⑥ 明确与房东谈判的三大要素
⑦ 与客户同步谈判进度

图8-4　携带意向金与房东谈判的7步法

8.2.1 联系房东，约定面谈的时间和地点

房产经纪人收到意向金后，第一步就是联系房东，约定面谈的时间和地点。约谈的地点首选是在房产经纪人所在的门店中，这样可以建立房产经纪人的主场优势，由房产经纪人带动谈判节奏，自己的同事也可以配合。

约谈地点的第二个选择是在房东家中。房东家中私密性较好，房东在自己家中心情会较放松，不会太戒备，容易找到切入点。而且，在房东家中，房东的爱人或者父母可能在场，如果要做决策，可以当场敲定，避免错过时机。

约谈地点的第三个选择就是公共场合。房产经纪人收取客户的意向金后，拥有“房东在哪里，我们就在哪里”的灵活谈判优势，哪怕房东在外地出差，也不影响谈判的进行。

8.2.2 确认所有材料齐全且合规、有效

房产经纪人在与房东联系好面谈的时间和地点后，就要准备好所有的材料，如意向金协议、定金协议、授权委托书、印泥等。纸质材料需要带齐备份，以免出现因填写错误而导致协议无法签署的情况发生。同时，房产经纪人也要提醒房东携带自己的房本与购房合同、权属证明及产权人身份证原件，避免产权不清晰而导致纠纷。如果与房东的委托人沟通，委托人需要具有授权委托书。但要注意，首付款或者定金只能转交给房东（提供本人银行卡账号），委托人是不具备收款权利的。

8.2.3 确定人员分工

房产经纪人与房东进行谈判前，需要确定主谈判手和助理。一般参与谈判的是客户方房产经纪人与客户方经理或者店长，如果有必要，维护人在场也是最好的。一般主谈判手是店长或者客户经理，因为他们经验丰富，基础知识扎实，能够灵活应对很多谈判场景，也能把控交易风险，避免产生纠纷，并能及时解答房东的问题。而助理则负责辅助沟通。

8.2.4 盘点谈判条件

在与房东谈判前，房产经纪人需要盘点房东与客户双方的谈判条件。谈判中要谈的条件主要有以下 3 种。

（1）付款方式

客户和房东最关心的就是付款方式。付款方式包括定金多少、首付款多少、分成几笔款项支付、是否贷款，以及贷款是商贷、公积金还是组合贷

款。这些付款方式对于房东来说，拿钱的时间都不一样，需要出面配合办手续的时间也会有所区别。

（2）交房时间

虽然交房时间一般都是过户后或房东收到全款后，但是有些客户希望越早交房越好。例如，急于拿房装修结婚的客户。这时，房产经纪人就可以与房东进行协商，甚至在提早拿房的这段时间给予房东相应的租金。

（3）配套家具家电

最后一个常见的谈判条件就是配套的家具和家电。对于房东来说，这些家具和家电都是有成本的，而客户购买新房后，自己购置新的家具家电也需要不少的费用。房东通常会将家具家电折旧并计入房价中，有时房东会明确家具家电要带走，有时客户也不要房东的家具和家电，这些情况都需要房产经纪人在谈判时进行权衡处置。

8.2.5　告知客户谈判，强调价格差距

与房东约定谈判时间和地点后，房产经纪人要及时告知客户“我们要展开谈判了”，同时要强调价格差距。例如，房产经纪人可以告知客户：“您希望 285 万元成交，房东希望 300 万元成交，有 15 万元的价格差距，我们会尽力与房东沟通，以达到您的心理价位和条件。”这样可以让客户知道自己的辛苦。

8.2.6　明确与房东谈判的三大要素

以上 5 个步骤准备完成后，房产经纪人就可以与房东谈判了。谈判地点

通常会选在房产经纪人所在的公司或房东家中，谈判的要点大同小异。下面列举了在房东家中谈判的三大要素。

（1）开门见山，表明来意

房产经纪人来到房东家中，首先要表明来意，可以说："您好，我们今天来到家里是想与您沟通客户的情况。电话里也不容易沟通清楚，有什么问题，我们现场沟通就好了。"

（2）展示意向金

为了证明客户的诚意，房产经纪人要向房东展示意向金。房产经纪人可以这样告诉房东："客户交了 5 万元的意向金。如果价格和条件合适，我们就可以代客户将意向金转为定金。"

（3）先谈条件，再谈价格

与房东谈判的过程中，价格往往是最重要的因素，所以放到最后谈。如果一开始谈到价格，就很容易让谈判陷入僵局。房产经纪人既然已经到房东家中，房东也明确房产经纪人的目的，那么房产经纪人就可以先问清楚房东的条件，再慢放客户的条件。通过"慢放价和慢放条件"可以掌控谈判节奏，如果放价太快、放条件太快，房产经纪人很可能失去回旋的空间。

8.2.7 与客户同步谈判进度

与房东谈判时，房产经纪人需要用文字或图片的方式及时将现场谈判的情况汇报给客户，目的是让客户了解谈判进度。当谈判遇到阻力时，房产经纪人需要及时与客户沟通，尝试协调房东和客户双方的需求。

如果在房东家里谈判顺利，房东很快就答应了，房产经纪人要策略性地将结果逐步告知客户；否则，客户发现房产经纪人不到 1 小时就谈好了价格，会觉得自己的价格出高了，要么会反悔，要么会要求经纪人折佣。

8.3 三方谈判的准备工作

如果客户缴纳了意向金，并由房产经纪人出面与房东谈判，这是双方谈判。但如果客户没有缴纳意向金，或者房产经纪人携带意向金与房东谈判离成功还差一点，这时就需要房东、房产经纪人和客户三方坐下来面谈，即三方谈判。这种谈判方式对于房产经纪人来说是最难的，因为房产经纪人作为中间人没有话语权，只能撮合房东和客户，让他们互相让步，最终成交。

案例

房产经纪人小张接待了经常在外地出差的客户吴先生。小张跟了 4 个半月的时间，千辛万苦地约房东看房。好不容易吴先生才看中一套房，并表示有意向。但是刚带看完，吴先生又去广州出差了，之后就一直没有时间与房东面谈。小张费了九牛二虎之力说服吴先生周末抽时间回来和房东面谈。

谈判经历 2 个多小时，非常成功，房东也愿意降价，双方达成了共识，约定成交。但是，房东说："不好意思，小张没有和我说今天要收定金，我的产权证没有带来。而且，房子是我爸的名字，我要回去和我爸商量，过两天再来确定。"

听到这样的话，客户吴先生当场拍桌子发火了，大吼道："我从广州飞回来定房子，这谈了 2 个多小时，结果告诉我说不能定！你们中介搞什么？！”说完就摔门而出，小张拉都拉不住。

像这样的情况不是房东的问题，而是房产经纪人没有做好谈判的准备工作，没有了解房东的实际决策人，也没有传达清楚谈判的目的，最后订单没有谈成，还把客户得罪了，白白损失一位诚意的客户。

这个案例只是三方谈判过程的一个缩影。谈判之前要做哪些准备工作，如何做好谈判的策略和计划，谈判时如何让客户加价，又怎样让房东心甘情愿地让价，谈判过程中出现的危机怎么处理，这些都是房产经纪人谈判中必须经历的环节。其中任何一个环节稍有失误，交易就有可能失败，最终让房产经纪人白忙一场。

8.3.1 房产经纪人要掌握谈判的3个要点

先分享一个小故事。

【小故事】

两个小孩，一个年龄大、个子高，另一个年龄小、个子矮，两人一起分 5 个橘子。

年龄大、个子高的孩子说：“我个子大，我要拿 3 个。”

年龄小、个子矮的孩子不同意，说：“橘子是我先看到的，我多分才公平。”

年龄大、个子高的孩子说：“我年龄大，你得听我的。”

年龄小、个子矮的孩子说：“你欺负我，我要告诉爸爸，让他来找你算账。”

这时两个孩子的爸爸来了，问两个小孩："为什么为几个橘子吵得不可开交？"

年龄小、个子矮的孩子说："我要用橘子皮，把它们做成小橘灯。"年龄大、个子高的孩子说："我要橘子肉，榨一杯橘子汁。"

两位爸爸笑了笑，把橘子皮给了小孩子，把橘子肉给了大孩子。两个孩子都乐开了花，手牵手地走了。

两个孩子讨论分橘子的过程，其实就是谈判。而这个故事里父亲的角色就好像房产经纪人，要做的就是让房东和客户都满意，最终达成共赢的结果。

什么是谈判呢？英国知名谈判学家盖温·肯尼迪的著作《谈判：如何在博弈中获得更多》中是这么定义的：谈判是利用人决策过程中的理性和非理性，以自己的目的为先，和他人联手找到解决方案的沟通过程。根据这个定义，谈判过程中有 3 个要点需要注意，如图 8–5 所示。

图8–5 谈判的3个要点

（1）以自己的目的为先

房东的目的是高价卖出，客户的目的是低价买入，而房产经纪人的目的是在谈判过程中确保佣金的情况下促使买卖双方顺利签约成交。

在谈判过程中，目的不能动摇。谈判是以自己的目的为先。换句话说，对于房产经纪人来说，是以确保佣金的目的为先。这短短几个字说起来简单，要做到却不容易。许多房产经纪人在争取自己利益的过程中会做出让步，但事后又心不甘、情不愿。当房东或客户提出折佣时，房产经纪人往往会为了避免冲突而选择同意。但这对于谈判来说需要反其道而行之。

案例

2020 年，我帮房产经纪人小李谈了一个订单。客户王先生为人特别精明。小李带他看中了一套三居室，房东报价 430 万元。客户最开始还价到 415 万元，小李在电话里前后沟通了一周的时间，双方的价格差从 15 万元拉低到了 5 万元。于是，我协助小李把客户和房东约到一起，进行了一次三方面谈。我们从晚上 7 点谈到 9 点半，价格还是差 3 万元。

房东表示价格降下来了，中介佣金就不付了。而客户也只愿意付 1 万元的中介费。我当场决定这笔交易暂不成交。因为如果用双方只付 1 万元中介费的结果来结束这场谈判，也就意味着我让步，没有达到这场谈判的目的，这次交易成功了，但我的谈判却失败了。由于我对佣金的坚持，第二天房东和客户都做了让步，最终我们收到了 5 万元的佣金。

（2）利用人决策过程中的理性和非理性因素

市场价格、利益分析计算，这种与数字打交道的因素都是理性因素。而非理性因素是指买卖双方的心态、性格和情绪等。

在实际谈判过程中，理性因素和非理性因素都会影响谈判的最终结果，这也意味着房产经纪人需要做的工作是综合的。一方面包含谈判买卖双方的理性因素，如首付计算、税费计算、贷款与还款计算、投资利益回报等；另一方面也包含房东和客户双方的非理性因素，如双方的个人喜好和性格特点，甚至挑选合理的时间、舒适安静的场地布置及座位安排等。这些都会影响双方的谈判决策。

案例

2020年底，我的门店来了一位新同事，叫小娟。入职后3个月的试用时间里，她一直没有开单。眼看新人转正期限就要到了，她非常着急。在最后期限内，她收到了一位客户的3万元意向金，于是非常兴奋地联系房东收意向金并开展谈判。当天晚上9点，在三方谈判的过程中，房东表示原来定好的价格想涨2万元，但是客户不同意。就这样又开始进入了磨价阶段，从晚上9点一直谈到11点，好不容易降低了1万元。小娟心想："跟了3个月的客户，谈好的价格，眼看就要成交，但房东又涨价了！而且，新人转正的最后期限马上就要到了！"她想着想着就委屈地哭了起来。房东见状后不知所措，最后心一软，表示还按原来的价格成交。

两个小时都没有磨价成功，小娟这种感性的情绪表达方式竟然变成了谈判中的重要因素。可见，在谈判过程中利用双方的理性因素和非理性因素有多么重要。

（3）和他人联手找到解决方案

案例

2020年3月，房东张阿姨想把房子卖掉，置换新房，于是委托我们出售，挂牌320万元。我们找了客户刘先生，他准备购房10月结婚用。刘先生看中房子，价格还了10万元，我在电话里谈到差距5万元时就把双方约过来面谈。

刘先生的诉求是希望15天内付完首付款，并且付过后就能拿到房子。但张阿姨是置换，自己的房子还没有买好，不能那么快搬走。通过了解他们的需求后，我的处理方式是双方以318万元成交，15天内付35%的首付，首付后房东把房子交给客户。房东搬家腾空房子的事由房产经纪公司帮忙，并且免中介费。而房东提前交房产生的3个月的房租由客户刘先生承担。这样的解决方案既满足了房东的需求，获得了合理的价格，又满足了客户的需求，更早地拿到房子，为结婚做准备。

这个案例很好地诠释了谈判的第三个要点：谈判是和他人联手找到解决方案。

在谈判沟通过程中，房产经纪人能够找到的解决方案是多种多样的。以本节开始时两个小孩分橘子的小故事来说，两个小孩其实都使用了不同的解决方案。例如，一开始用到公平。但是，每个人公平的标准不一样。年龄大、个子高的孩子说自己个子高，要多分。而年龄小、个子矮的孩子说自己先看到，要多分。最终解决方案失败。后来，小孩子就借用外力，“你不答应，我就去和爸爸告状”。

对于房产经纪人而言，谈判中能够使用的解决方案也是多样的。摆事实、讲道理、说利益、示弱等，都是我们可以使用的方法。

8.3.2 邀约三方会谈的4个步骤

房产经纪人要想顺利地邀约到房东，并与房东和客户顺利进行三方会谈，可采用“面谈邀约 4 步法”，如图 8-6 所示。

图8-6　面谈邀约4步法

（1）带看后向房东传递意向

为了与房东建立信任，房产经纪人在看完房后需要与房东沟通。例如，“刘先生，您好！我是住家地产的小王，今天上午我有一位客户看过您的房子。他的情况是这样的：他把自己在普陀的房卖了，下周一就能拿到首付，想在嘉定江桥这边买一套两居室，刚好看了您的房子，觉得这个户型不错。客户有几个问题想与您确认一下，您这边交房有没有问题？”

房产经纪人有过带看，并且表示客户有一定的意向，房东就会与房产经纪人沟通一些深入的信息，如首付款要求多少、交房时间有没有问题、产权人有几个、真正的决策人是谁、房子有没有抵押贷款、房子里的家电家具是否附送等。房产经纪人将这些信息了解得越清楚，对后面谈判的帮助越大。

客户李先生要给自己的孩子买房。他是房产经纪人小王的老客户，在绿地小区看中了一套价值 400 万元并且带精装修的两居室，对各方面都很满意。可在最后谈判时发现，房东用自己的房产帮朋友做了抵押，贷款 100 万元做生意周转。客户听到这个信息后就非常担心这个问题，还责怪小王说：“这个房子有不良抵押，你都不告诉我？风险这么大，万一出什么事情，你能承担起这个责任吗？”最后，客户也不愿意付意向金。这就是因为没有了解清楚房东的信息，而导致订单没有成交。

要规避这样的问题，其实打一个电话就够了。房产经纪人给房东打电话，不但可以对房子的情况做进一步确认，还可以让房东知道自己的姓名和所在的公司，有一个置换的客户对他的房子有意向，为后面的成功邀约做准备。

房产经纪人与客户沟通后，最好把房东的微信也加上，这样与房东的关系就更近了一步。房产经纪人可以在加微信的申请中与客户说：“刘先生，我是住家地产的小王，刚与您通过电话，我会把您的房子作为重点推荐。”这样客户就不会拒绝加微信了。加上微信后，房产经纪人要马上将公司和个人的信息发给房东，让他加深印象。

（2）与房东磨价

磨价的目的，一是为了表现客户的诚意，二是避免房东怀疑。如果不还价，房产经纪人直接给房东打电话说：“刘先生，白天我有位客户看了您的房子，价格没问题，您晚上可以过来签约。”这时房东反而会产生疑问：“看一次就定了，这是真的还是假的？我是不是卖低了？我要加价！”所以，即使客户出到了房东要的价格，房产经纪人也必须要磨价。磨价还可以试探房东的底价，如果能先在电话里谈低一部分的价格，三方会谈将更容易。

房产经纪人可以与房东说：“刘先生，我是下午与您打电话的住家地产的小王。与您通过电话后，我把您的情况与客户沟通过了，客户现在看中了两套房，一套是您的，还有一套是对面小区的。现在我想重点推荐您这一套，客户的价格只能出到310万元，与您的挂牌价315万元差5万元。”

如果房东反应很激烈地说：“如果是这个价格，就不要谈了，我肯定不会卖的！”这时，房产经纪人就要把话收回来说：“我也知道这个价格您不会卖，所以我和客户说了，让他再考虑能不能加一点价。那冒昧地问一下您最低什么价格能卖？”这样可以试探房东的价格有没有下降的空间。

需要注意的是，如果房东不愿意降价，而且态度比较强势，那就不要在电话里过多地压低房东的价格；否则，房东会感觉房产经纪人仅帮客户说话，心里会不舒服，从而产生对抗情绪，不利于后面的谈判。这时，房产经纪人可以说：“我会全力以赴地帮您争取这个价格。如果客户诚意购买并愿意加一点，在价格相差不大的情况下，我们再约机会谈，我会全力想办法帮您卖到您的心理价格。”

这个谈价的过程可以来回磨 2 ～ 3 次，以降低房东对价格的预期。

（3）与客户磨价

与房东磨价后，接下来就要与客户沟通，主要目的是让客户加价。哪怕加的价格很少，只有 5000 元或 10000 元，但这样可以降低客户的预期，减少双方的价格差距，更有利于后面的三方谈判。

例如，“张先生，我给房东打电话谈了两次，现在最低价格是 313 万元。您出的 310 万元这个价格，房东是不同意卖的。要不您再往上面加一点，我再与房东谈？”客户通常会说：“这个价格我已经出得很高了。”此时，房产经纪人再说：“我知道您的价格出得不低，只是 8 楼的好楼层整个小区就只有这一套在卖，现在和房东接触的中介也不止我们一家。”如果客户说：“我最多再加 1 万元，多了就不考虑。”房产经纪人可以回应：“我会全力争取的。”

房产经纪人给客户打 1 ～ 2 次电话，让客户的价格有所上升后，就会缩小买卖双方的价格差。

（4）双方邀约

当买卖双方的价格差在 1% 左右，而且双方都有意向，那就要尽快与房东和客户确定面谈的时间。

例如，“张先生，根据您出的价格，我和房东沟通了好几次。房东看到了你的诚意，想和您当面沟通，明天您下班后 7 点有没有时间？”当客户确认有时间后，马上再与房东确认时间。房产经纪人可以与房东说：“房东，我与客户打了 5 个电话，经过不断地沟通，现在与您要的价格基本差不多了。毕竟买房子这么大的事情，除了房子的价格还有其他一些细节，如交房时间、付款方式等，最好是见面谈，客户也是这个意思。明天客户下班后 7 点有时间，您有时间一起过来见面谈吗？”这时就可以顺理成章地把房东和客户约过来三方会谈。

8.3.3 三方谈判前的4项准备工作

很多新人对三方谈判有误解，觉得三方谈判不需要做准备工作，直接谈判就行。回想一下这样不专业的谈判场景：把客户接到会议室，发现会议桌上有中午吃饭时残留下来的油渍没打扫干净；辛辛苦苦谈了两个小时，准备要签约了，却发现空白的定金协议用完了，翻箱倒柜地找合同；经过反复沟通，最后定好价格并写好协议，让房东签字，房东却说他不是产权人，要第二天才能过来签。出现这些问题，就很可能导致整场谈判失败，让已付出的努力全部白费。之所以出现这些问题，就是因为在谈判前没有做好充分的准备。房产经纪人把房东和客户邀约过来之前需要做好以下 4 项准备工作，如图 8–7 所示。

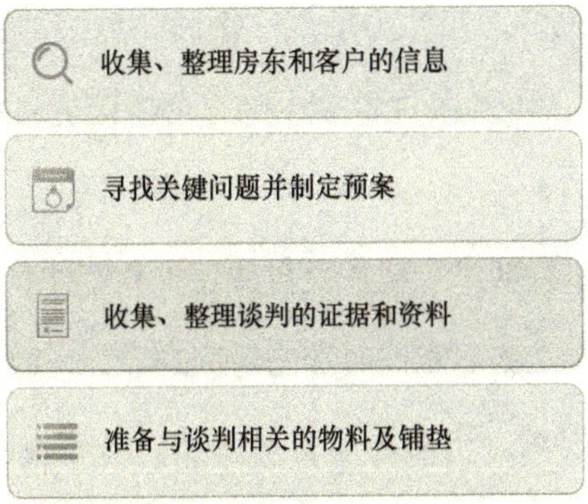

图8-7 三方谈判前的4项准备工作

（1）收集、整理房东和客户的信息

在谈判前尽可能收集房东和客户的信息，主要有以下 4 点作用。

① 通过信息采集和沟通，房产经纪人可以了解双方的性格和兴趣，以便自己在谈判时借助他们的这些非理性因素来确保顺利成交。

② 事先做好充足的准备，房产经纪人在谈判中不会被任何一方操纵或欺骗。

③ 由于房东和客户都提供了较详尽的信息，所以双方会更严肃地对待谈判。

④ 房产经纪人对信息准备得充分，可以在房东和客户面前体现自己的价值，极大地降低后期折佣的概率。

前期收集信息非常重要，房产经纪人要分别收集、整理房东的信息和客户的信息。

要收集、整理的房东信息主要包括以下 7 项内容。

① 交易价格，包括房东前期的挂牌价、房东现在的期望价、最低的成交价格是多少等。

② 产权性质与税费，包括房子是一手商品房、动迁安置房还是二手买进来的，买进多少年，以及买进价多少等。这些信息将用于计算房子交易的税费。

③ 交房的时间，包括房子现在是自住还是租客住，能不能正常交房。

④ 有无户口、户口能不能按时迁出等问题。

⑤ 对首付款的要求。房东希望首付多少，需要在什么时间前到账。特别是对于置换的房东来说，对首付的要求会比较高，因为他要拿着这笔首付款去买新房。

⑥ 实际产权人与决策人，即房产证上产权人有哪些人，实际决策者是谁。

⑦ 配套设施，即房东对房中家具、电器等硬件设施的处理意向。

要收集、整理的客户信息主要包括以下 6 项内容。

① 是否首套。根据地区不同，是否首套房决定了购房的首付比例。

② 首付情况。客户首付款能拿出来多少、什么时间能准备好、需要分几笔付款等，这些是房东非常关心的信息。

③ 贷款金额。根据房东的房屋出售价格计算需要贷款多少，以及是准备商业贷款、公积金贷款还是准备组合贷款。

④ 房产购房资格和信用。客户购房的资格有没有问题、信用有没有不良记录，这些信息用于判断贷款是否能顺利贷出。

⑤ 月供情况。客户每月的贷款还款额是多少、收入证明和流水够不够，这些信息用于检验客户是否能顺利完成贷款。

⑥ 买房决策者，包括家里买房谁做主、实际出钱人是谁、实际房屋居

住者是谁等。

房产经纪人收集、整理房东和客户的信息，为的是能深入了解双方的需求，从信息中寻找出可能阻碍成交的关键问题，这样才能在谈判中掌握主动权。

（2）寻找关键问题并制定预案

在谈判前，针对可能出现的关键问题，房产经纪人可以预先制定方案。这样可以避免在谈判过程中出现尴尬的局面，导致交易失败。

谈判中常见的关键问题可以归纳为以下 4 类。

① 总价的差距。例如，房东要价 350 万元，客户只能出价 340 万元。

② 付款方式的差距。例如，房东要首付 200 万元，客户只有 150 万元。

③ 付款周期的差距。例如，房东希望 10 天内完成首付，但客户要 30 天才能完成支付。

④ 交房时间。例如，客户想要在 2 个月内交房，但房东要 5 个月才能交房。

下面以最常见的价格差距为例制定预案。

房东要价 350 万元，客户只能出价 340 万元，这时的谈判思路有以下 3 种。

① 让房东的要价降低到客户的出价。

② 让客户加价到房东的报价。

③ 让房东降低一点要价，客户增加一点出价。

房产经纪人往往会采用第三种思路，也就是让房东适当降价，客户适当增加出价。让房东降价的方法通常有以下 4 种。

① 价格对比。用当前同小区的市场价引导房东降价，例如，这个月成交了3套，最高只卖了340万元。

② 政策引导。与房东讲当下限购限贷等政策对市场的影响。

③ 成交数据分析。房产经纪人可以把近期小区成交趋势、近期房东报盘价格趋势、近期客户出手价格趋势等信息告诉房东，间接告诉房东现在的成交数据不好，房子的售价需要下降。

④ 抓住痛点。如果房东是置换客户，已经看好了自己要买的房子，这时房产经纪人就可以把握住这一点进行深度说服。

以上是房产经纪人在谈判中让房东降价的理由。同样，如果想让客户加价，也要给客户一个理由，可以从以下3点入手。

① 强调房子的优点和价值。例如，一套房子装修花了20万元，并且装修至今只有3年时间。这时房产经纪人就可以强调这套房子可以帮客户节省20万元的装修费用。

② 告知客户近期同小区的成交价格。同一个小区近期成交的两居室都已经卖到400万元，现在客户要买的才390万元，比市场价整整低了10万元。

③ 商圈未来的升值发展空间。

以上罗列了房东和客户的一些关键问题与预案，房产经纪人在谈判过程中还会遇到很多突发问题，只有事先准备好预案才能在面对房东和客户时应对自如。

（3）收集、整理谈判的证据和资料

寻找关键问题并制定预案后，房产经纪人就要找支撑观点的证据和资料了。那么，哪些是谈判的证据和资料呢？

例如，要将同小区市场价格和成交量上涨呈现给客户，房产经纪人仅仅跟客户讲现在市场的价格涨得有多厉害，这样的说服力不强。眼见为实，耳听为虚。为了能够说服客户，房产经纪人需要针对自己的论点找到能证明的证据和材料。为了证明市场价格和成交量在上涨，房产经纪人要把最近 2 个月成交的相关资料收集起来，如最近签的买卖合同、收款收据、客户的付款凭证、同样面积和户型卖的价格情况等，然后将所有资料做成图表，以证明市场价格和成交量都在上涨。

如果要证明小区未来的升值发展空间，房产经纪人就要找一些区域的地铁规划图、市政规划图、商业规划图等材料支撑自己的说法。

如果房产经纪人想通过政策引导房东降价，就要多方获取当下的政策信息，进行合理总结、归档，以便谈判时加以佐证。

（4）准备与谈判相关的物料及铺垫

房产经纪人在谈判过程中经常遇到买卖双方的证件不全，导致不能及时签约的情况。因此，对于房东、客户和房产经纪人来说，都有相应的物料准备工作。

① 房东需要携带房主身份证、户口本、银行卡、结婚证、房产证、购房合同、房屋权属证明、契税票、继承公证书等。

② 客户需要携带身份证、结婚证、户口本、银行卡等。

③ 房产经纪人需要提前将签约会议室打扫干净，将桌椅摆放整齐，放置好签约用的笔和白纸，以及谈判需要用的合同资料、定金收据、见证材料和 POS 机等。

除了物料准备以外，房产经纪人还需要提前确定主谈判手和助手。一般主谈判手就是店长或者经理，助手是当事房产经纪人。

在准备好物料和人员后，房产经纪人至少需要提前 1 小时确认房东和客户双方到场的时间。而且，双方的时间最好错开，事先对较不配合的一方进行沟通和铺垫，了解阻碍谈判进程的问题，及时解决对方的顾虑，确保谈判顺利进行。

8.4 条件谈判法：三方谈判的“利器”

在谈判过程中，有许多谈判方法可供房产经纪人选择，而我推荐的是条件谈判法。条件谈判法是利用买卖双方的不同条件进行交换，以满足双方买卖需求的一种谈判方法。

8.4.1 条件谈判法的3个步骤

条件谈判法共有以下 3 个步骤，如图 8-8 所示。

图8-8 条件谈判法的3个步骤

（1）明确双方的谈判条件

房产经纪人首先要做的就是与房东和客户确定谈判条件。这一步与房产经纪人谈判前收集、整理信息密切相关，房产经纪人可以从房东和客户提供的信息里找谈判条件。

与房东的谈判条件主要包括以下 4 点。

① 交易价格：例如，到手价要 300 万元，所有税费让客户承担。

② 交房时间：例如，要在拿到所有的钱之后才能交房。

③ 户口迁出时间：例如，要 3 个月后才能迁户口。

④ 对首付款的要求：例如，希望首付款能达到总房价的 50%，方便他置换买房。

与客户的谈判条件主要包括以下 5 点。

① 交易价格：例如，最多出到 295 万元。

② 付款方式：例如，首付只有 100 万元，而且要 2 个月才能支付。

③ 贷款方式：例如，剩余部分组合贷款。

④ 拿房时间：例如，希望付首付款后就能拿到房子。

⑤ 赠送家具：例如，希望房东能把房屋内的立式空调和实木家具留下来。

（2）确认买卖双方的 3 种条件

房产经纪人了解客户和房东的谈判条件后，接下来就要确认谈判双方的首要条件、次要条件和底线条件。

首要条件是客户和房东心里真正希望达成的条件。只要达到了这个条件，次要条件达不到也没有什么问题。但如果达不到首要条件，谈判有可能无法继续进行。这是客户谈判最核心的利益诉求，也是房产经纪人最需要重视的。例如，对买房的客户来说，他的首要条件是希望房子的价格从 300 万元降到 295 万元；如果这个条件达到了，交房的时间、房屋内的家电家具送不送等其他条件都是次要的。

次要条件是那些最好能满足的条件。如果对次要条件的让步可以换来主要条件的达成，那么放弃次要条件也没关系。对于买房的客户来说，如果房价降到了心理价位，房屋内的家具送不送都没问题。如果房东送，那最好，是锦上添花；如果房东不送，也可以接受。

底线条件是指完全无法接受的某个条件。例如，对于买房的客户来说，如果房东的户口无法按时迁出，那么客户孩子的户口就不能顺利迁入，将导致孩子不能入学，客户觉得这个绝对无法接受，这样会导致整个交易的失败，就是底线条件。

房产经纪人只有清楚了解房东和客户的首要条件、次要条件和底线条件，才能为双方寻找替代方案，更好地解决谈判冲突。

（3）寻找替代方案

当一方提出另一方不愿接受的条件时，房产经纪人需要找到一个新的方案替换对方的条件。这时新提出的方案就是替代方案。而条件谈判的难点就是寻找替代方案。为了让大家更好地理解替代方案，下面列举一个案例加以说明。

案例

房东张先生需要置换买房，出售的房子要价350万元，一分也不愿意降低。但是，客户最高只出价345万元。这时，房产经纪人可以提出一个方案，让客户首付比例提高到50%，并且让房东的交房时间延迟到5个月。这样可以解决房东现金流买房及置换搬家的时间周期问题。房东最终同意价格下降5万元。

在这个方案中，“提高客户首付比例”就是替代方案，通过提高首付比例这个条件替换房屋总价不下降的条件。

8.4.2 条件交换的3个原则

替代方案也可以理解为在谈判过程中彼此的让步。谈判时的条件交换有 3 个基本原则，如图 8–9 所示。通过 3 个基本原则，房产经纪人在谈判时可以找到更加可行甚至最佳替代方案，让双方收益都最大化。

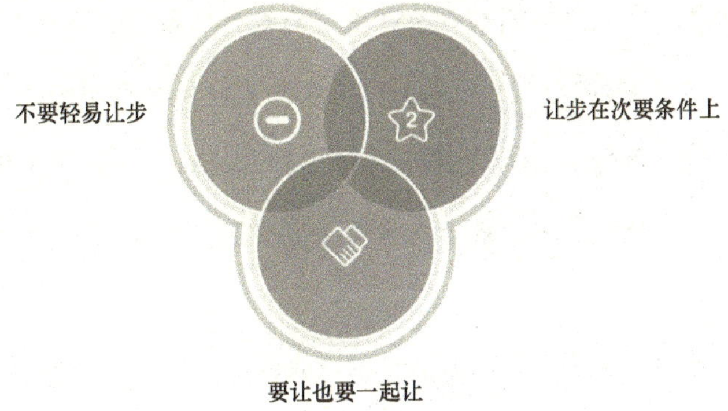

图8–9 条件交换的3个原则

（1）不要轻易让步

房产经纪人要学会做一个不情愿的让步者，不然会一步退、步步退。哪怕心里想好了可以让步，也不能马上爽快地答应，而是要做出一种“不情愿”的姿态。

客户经常会说：“中介费打 8 折吧。”房产经纪人哪怕心里想着可以接受打 8 折，也不能马上答应。不然，客户会想“这么快就答应了”，就很可能会再说“那打 7 折吧”。为了避免这种事情发生，房产经纪人要做出一种“不情愿”的感觉。例如，“这个折扣力度太大了，我要打个电话和领导商量一下”。

（2）让步在次要条件上

谈判条件中的次要条件就是房产经纪人要把握的让步重点。

案例

房产经纪人小王在2021年4月成交了一位客户。这位客户买房准备10月结婚，5月一定要拿到房开始装修才能赶上婚期。当时，客户看中一套万达城市公寓的房子，谈判过程中强调交房的时间是一个月。“一个月交房”就是客户的首要条件。但是，一个月内房东根本拿不到全部房款，也就不同意一个月交房的条件。该怎么办呢？

小王与房东沟通，让客户在一周内将首付款打到房东账户，并且答应房东所有款项3个月内到账，而提前交房的3个月按市场租房价将租金另外支付给房东，最后双方同意成交了。

牺牲一些次要条件，就是为了确保首要条件的达成。次要条件越多，可以谈判让步的筹码也就越多。这也是为什么要尽量收集谈判条件的原因，因为它们是谈判的“利器”。

（3）要让也要一起让

在谈判过程中，如果某一方做出让步，那么另一方也要做出相应的让步。这既是谈判的一项基本原则，也是畅销书《影响力》中提到的“互惠原理”。人们天生会对他人给予的好处做出相应的回报。如果房东做出了让步，客户也必定会做出让步，这是人之常情。

例如，一套300万元的房子，客户还价5万元，房东同意了；然后客户又要求家具家电全送，房东也勉强答应；接着客户提出希望交房时间能早一点……这样客户就很容易让房东产生不满。房东感觉“我一让再让，而你却一步也不让”，最终放弃交易。这就是大家没有一起让步容易导致的后果。

如果一开始客户提出条件要求，在房东让步时，房产经纪人就应该要求客户做出相对应的让步，这样双方的要求就能达到平衡。例如，客户要还价 5 万元，那么房东就可以要求首付比例提高 10%；客户想家具家电全送，那么房东就可以要求按照市场价的五折计算。

再列举一个租房案例。租客的付款条件是付一押一，而房东要求的付款条件是付三押一。这时，租客让步，答应房东付三押一的条件，就可以要求房东也做出让步，对房东说:“我希望是付一押一，但付三押一也可以。不过，房间的空调实在太旧了，我希望能够换一台。”这时，房东要么答应换空调，要么就撤掉付三押一这个条件，还是付一押一。

我从业十几年，签了上千个订单，深刻体会到谈判的底层逻辑就是交换。通过盘点谈判条件、确认双方需求和寻找替代方案，可以让双方在不同的条件下交换，最后达到平衡。房产经纪人要学会把双方的条件作为砝码，在他们之间不断交换，最终找到一个平衡点，让“天平”的两端都平衡、双方都满意。

8.4.3 谈判中常见危机的处理

经历过谈判的房产经纪人都知道，谈判时有很多不确定的因素，即使前期做足了预案和铺垫，但现场还会出现一些突发状况。面对突发状况，房产经纪人要沉着冷静，用专业知识化解危机、应对问题，确保签约能够正常进行。

我采访了500多位房产经纪人，收集到108个谈判中最常见的危机场景。下面列举5个谈判中最有代表性的危机，并分别讲述房产经纪人该如何应对。

（1）同行撬单，恶意破坏

俗话说“货比三家”，客户找好几家中介公司看房也是正常现象。当客户通过一个房产经纪人的带看对某个房子产生了购买意向并进行面谈时，有可能会告知其他房产经纪人，但其他房产经纪人通常的做法是撬单。因为不撬单，他就会失去这个客户。

同行撬单的方法无非是提供更有诱惑力的房源，或者采用低佣金的方式吸引客户，从而窃取他人的劳动果实。而房产经纪人不可能眼睁睁看着自己辛苦地匹配房源、维护关系、带看维系的客户被别人插手捣乱。这时，房产经纪人有以下3种应对方法。

① 了解客户以前看过的房源

客户曾经与哪些公司的房产经纪人看过哪些房子，房产经纪人需要提前搜集客户的相关信息。这样同行用另一套房源撬单时，房产经纪人就可以告诉客户：“那个房源，我们这边也有，房东的首付要50%，您达不到要求。”提前掌握房源信息是避免同行撬单最简单的方法。

② 提前做好铺垫

房产经纪人可以提前把同行撬单的场景和问题告知房东或客户，事先做好铺垫，这样就可以极大地降低同行撬单的风险。例如，对房东说：“张先生，在谈判前后，可能会有其他中介突然给您打电话，说还有出价更高的客户在等着您。但是能见到面的可能性很低，并且当天也定不了，他们就是要拖延您的时间，让我们不能成交。您也知道，真正坐到面前谈判的客户才是最诚意购买的客户。我们都是拿着意向金面谈的，随时可以定，您可要珍惜眼前的客户。不然一犹豫，真正的客户走了，其他公司的房产经纪人也不会赔给您一分钱。”

③ 避开同行

同行之间的恶性竞争在行情好时特别激烈。同一套房子，房产经纪人所在公司在代理，其他房产经纪公司也可以代理，一旦其他房产经纪人得知房东在哪个房产经纪公司时，会不择手段地让房东到他们那里去。

这种情况首先考验的是房产经纪人与房东的信任关系，如果信任关系强，同行是挖不走的。如果房产经纪人与房东的信任关系不是很强，那就要看客户给出的条件是否能打动房东，这时让客户加价或减少条件也比较简单。

作为从业十几年的老房产经纪人，我还有一个可以尽可能地避免同行撬单的方法，那就是做好保密工作。除了参与谈判的房产经纪人和经理以及有需要参与进来的维护人之外，房产经纪人不要泄露谈判的任何信息，也要在谈判前告知房东和客户“面谈的时间和地点不要告诉除我们以外的其他同行中介”。

（2）房东或客户临时变卦

房东或客户临时变卦的情况多与市场环境的变化有关。房东临时涨价或当场坐地起价时有发生，房产经纪人可以从以下几个方面应对房东的临时变卦。

首先要隔离谈判。原本谈好的价格，如果其中有一方变化，就很容易导致发生冲突。这时，房产经纪人要及时分开房东和客户，以免激化矛盾。

其次，要了解变化的原因是什么。房东价格变化的原因一般是有同行从中撬单搞破坏，或者家里没有商量好，又或者房东要置换的房子涨价了。

最后找到一个解决方案。例如，房东要置换的房子涨价了，这时房产经纪人要多方沟通，尽量让房东减少损失，并给出合理的置换方案，如可以给房东更高的首付款、更长的交房时间。

（3）店里的同事撞单撞客

与同事撞单撞客也是许多房产经纪人谈判时常遇到的危机问题。处理这种问题，房产经纪人可以从以下几点入手。

首先，门店要有明确的撞单处理规则，以免出现恶性竞争。如果两个房产经纪人的客户同时看中一套房子，那么谁的客户先付意向金，谁的客户就有优先权。

其次，成交优先，合作共赢。在知晓同事撞单撞客的情况下，房产经纪人要以合作为主，成交为先，保证客户和房东顺利进行交易，而不能利用客户或房东给自己佐证，让自己单独成交，这样给房东和客户带来的体验非常不好。房产经纪人可以事先和撞单的同事私下谈好合作比例。例如，房产经纪人张三和李四同时约一位网上客户，线下见面时发现看的是同一套房子。这时，两个房产经纪人可以约定好，假如这位客户本次成交了，两人的分佣比例各占 50%。

同事撞单撞客往往是不经意间的行为，如果房产经纪人太在意眼前的得失，不仅伤害了同事之间的团结，还有可能因为与同事的不愉快而失去房东和客户的信任，最终导致交易失败。

（4）带“军师”协助，谈判搅局

客户面对几百万元甚至几千万元的交易，往往会带上自己曾经买过房的好友作为自己的“军师”，给自己出谋划策。如果“军师”是特别专业的人，还能减少房产经纪人很多的解释工作，让房产经纪人更加轻松，但平常也会碰见一些“假军师”。

案例

房东刘小姐卖房已有半年时间，房产经纪人小胡带了 9 位客户去看房，其中有一位客户看中，于是给房东打电话约面谈。第一次面谈非常顺利，聊了一上午，价格和条件都已经商定了。要签约时，刘小姐说她没想到这么快就会签约，自己拿不定主意，要求第二天带她的表姐过来帮她把关。

第二天“军师”来了，刘小姐说她表姐是做金融工作的，有房产方面的经验。小胡再次将条件重述了一遍，但这位表姐处处否定，事先说好的事情又出尔反尔。我们只能采取隔离谈判的处理方式。

我让客户在一个会议室，并且由小胡一直陪同，而我和房东及维护人在另一个会议室。目的有两个：一是让房东重回原先谈好的条件；二是找到这个处处否定“军师”的真实意图。

经过近 40 分钟的沟通，我们才发现这位“军师”其实是另一家中介公司的房产经纪人，想通过这次交易分得一部分佣金，之后让刘小姐从她那里买房，再赚一次佣金。大家摊开说之后，她就直接要求我们给她分佣，否则就搅黄这次交易。

后来，我们单独把房东拉出了会议室，将当下的市场行情现状告诉房东，指出该“军师”的目的不是帮助其卖出房子，而是为了她自己的私利，只站在自己的角度考虑问题，并且房东已经签署了定金协议，违约就要付双倍的违约金。房东知晓现状后，做出了正确的决定，没有继续被“军师”影响。

最后，我们返回会议室和“军师”单独商谈，摆明立场：作为同行，搅单是破坏行业底线的行为。

只要是“真军师”，都会为了证明自己的价值，或多或少从既有条件里挑出问题。但是，面对我们专业的服务和耐心讲解，只要房东诚心卖、客户诚心买，决策人都会做出正确的决定。

（5）客户拉拢房东一起砍佣金

客户想谈中介费的目的，大多数是希望能在报价的基础上再往下降一些，或者认为房产经纪人的服务过程中没有体现价值，就收取动辄上万元，甚至上十万元的费用，导致心理不平衡。特别是在房东和客户想一起砍佣金时，房产经纪人需要马上将他们隔离，逐个击破。

首先，与房东聊天。例如，房产经纪人可以诉说辛苦：“张先生，您看您的房子在我们公司挂了 2 个月，我们前后看了 20 位客户。而且，我们公司一直在网上做广告推广，点击一次就会花三四块钱。我们有 20 多位同事都在推，广告费也花了很多。”房东一般在看到我们做了很多努力的情况下也会认同我们的收费。这里需要特别指出的是，千万不要让房东认为是因为我们的中介费不打折而导致不能签约，这样房东和客户有可能联手到其他公司签约了。

然后，与客户进行沟通，也可以让房东帮我们多说好话。以前有一位房东，他在签单时与客户说："小卿他们也挺不容易的，大热天忙里忙外，看房都跑了几十趟，以后我买房也会通过他们买。而且，你买了我的房子，住在这个小区，他们也会提供力所能及的帮助。"这番话说出来后，客户就不再提折佣的事了。

房产经纪人还可以拿出成交记录给客户看，让他知道以前的交易佣金都是不打折的，并且说："好不容易帮您谈到了心理价位，以前我们说过佣金问题，您是接受的，不能再为难我们了。我们全力以赴帮您把房价谈下来，所以您这边再要求打折，是不是对我们的服务不满意呢？如果不是，希望您能支持我们的工作。"

如果是我们房产经纪人服务中有瑕疵，例如，以前承诺了客户能谈下来 3 万元的价格，最后只谈下来 2 万元，这时客户会要求折佣。但是，房产经纪人也要坚守自己的防线，可以与客户说："李先生，我要向领导申请，经理、总监层层递交，我只是一个普通的房产经纪人，是没有权限打折的。"或者说："如果今天打折，折扣的部分就会从我们房产经纪人身上扣除。房产经纪人拿提成也不容易，希望您能支持我们的工作。"说出这样的话，客户一般都会同意佣金不打折。如果客户依然执着于打折，房产经纪人在规定的范围内给予老客户折扣即可。

8.5 谈判中如何化解客户异议

在谈判过程中，客户往往会提出各种各样的异议。

案例

客户王先生："小张，这套房子 310 万元的价格太高了，现在房价都在下跌呢！"

房产经纪人小张："王先生，这套房子价格不高的，这个小区现在都卖这个价格！而且，这套房子是小区里性价比最高的。"

客户王先生："不会吧！昨天我还在网上看了一套价格为 290 万元的房子。"

房产经纪人小张："那套房子肯定是毛坯房，楼层没有这么好。二手房通常是一房一价。"

客户王先生："那价格也不会差这么多吧？装不装修无所谓的，我回去再考虑一下吧。"

当电话被挂断时，客户的购买意愿基本消失殆尽。发生这种情况的原因就是当客户说出自己的异议时，房产经纪人喜欢反驳。即使完全不同意对方的说法，房产经纪人也不要立马反驳，因为通常情况下反驳客户只会强化对方的立场。

在上述案例中，客户说房价太高了，这时如果房产经纪人与客户争辩，客户就会拿出个人的亲身经历证明"你是错的，他是对的"。房产经纪人可以告诉对方："王先生，您是想还一点价格，对吗？我完全理解您的感受。很多人都有和您相同的想法。"房产经纪人需要表示自己完全同意客户的观点，而不是进行反驳，这样就可以成功地淡化客户的竞争心态。然后，房产经纪人再说："但您知道吗？如果您再仔细看一下这套房 15 万元的精装修、3 年的新社区环境，您会发现这套房还是很适合您的。”这就是上一章中提到的客户异议处理 3F 法则。

8.5.1 客户异议对于房产经纪人的意义

异议是客户在购买决策过程中产生的不明白、不认同、怀疑和反对的意见。例如，客户不明白房产经纪人介绍的交易流程，或者不认同报价、对房产经纪公司的信誉度表示怀疑等。

从销售角度来说，异议处理是销售的“鬼门关”，闯过去了就是海阔天空，闯不过去就是前功尽弃。从成交的角度来说，异议是一种成交的障碍，又是一种成交的信号。俗话说“嫌货才是买货人”，这句话被很多人奉为销售箴言，激励着房产经纪人在面对客户异议时要保持积极、乐观的心态，迎难而上。

客户提出异议表明对房源感兴趣，嘴上说房子不好，心里却早已经接受。他只是以产品不好为借口，为自己在谈判时找到一个更好的压价理由。此时，这个异议就是虚假异议，是客户的借口，例如，提出“这套房子的户型结构不够方正”“景观不是很好”之类的异议，以达到降价的目的。而真异议是客户内心的真实想法或真实反对的原因，例如，一位客户想买南北通的小户型，但是房产经纪人带客户看了朝西的户型，这时提出的异议就是真异议。对于房产经纪人来说，真异议可以帮助自己更进一步地了解客户需求。

因此，房产经纪人需要学会判断客户的异议是真异议还是假异议。

8.5.2 如何判断客户的虚假异议

房产经纪人可以从以下两个方面辨别客户异议的真假。

（1）不能只听客户说什么，关键要看客户做什么

虽然客户说了对房子的异议，但是客户的肢体语言会出卖其真实想法。例如，客户说“我还想再考虑一下”时，却在反复地看手上拿着的户型图，并且总是岔开话题问房产经纪人关于房东的情况，没有快速从店里离开。这些信号都表明客户并不是要考虑一下，而是缺少一个马上购买的理由。如果这时房产经纪人给客户讲当下购买的优惠活动，或者不买可能会造成的潜在损失，客户就会马上做出决定。

（2）异议出现的时间节点

当客户已经同意购房后，忽然来个回马枪说房子这里不好、那里不好，这时的异议通常就是客户的虚假异议，他要为自己在最终谈判价格时争取更多的筹码。例如，一对客户夫妇突然躲在没有人的地方悄悄地合计着些什么，忽然发生了争执，老公想买，但老婆不想买，甚至吵了起来。这时房产经纪人就需要小心，客户可能正在唱双簧，以便在和房产经纪人谈价格时争取更多的利益。特别是在老婆怒气冲冲地离开了门店，而老公说：“我老婆不太喜欢那个装修，你给我个底价吧，我回去做她的工作。”这很明显是客户夫妇正在使用黑白脸的谈判策略，这个异议就是虚假异议。

8.5.3 异议的3个出处

只有了解客户的异议来自哪里，房产经纪人才能更好地化解客户的异议。而客户的异议通常来自以下 3 个方面。

（1）对房源不满

对于绝大多数人来说，买房都是一项十分重大的投资。因此，客户在买

房过程中总是会对房子进行严格的挑拣。这种不满会体现在房子的任何方面，如建筑质量、园林景观、智能化、配套设施、物业管理、视野朝向、户型结构等。

（2）对价格不满

一般客户在买房时都会把价格当成一个重大的考虑因素。即使房产经纪人报出底价，客户仍然有可能认为价格偏高。毕竟客户可能要倾其一生的积蓄，甚至父母的积蓄才能买下这套房产。

（3）对房产经纪人不满

房产经纪人的沟通表达也可能招致客户的不满。例如，在客户还价时，房产经纪人一直帮着房东说话；或者客户想了解交易流程，房产经纪人讲不清楚；又或者有些房产经纪人为了说服客户，往往以不实的说辞哄骗客户，如把房价报高、使用虚假房源等，这些最终都会带来更多的异议。

8.5.4 常见异议的解决方案

经纪人可以使用 3F 法则化解异议。例如，告诉客户：“您说的问题是……吗？我完全理解您的感受，很多人都有和您相同的感觉（这样可以成功地淡化客户的竞争心态，房产经纪人需要完全同意对方的观点，而不是进行反驳）。但您知道吗？在仔细研究这个问题之后，我们发现了这些优点……”

（1）感觉（Feel）

当客户有疑问或异议时，房产经纪人不要急于反驳、解释，更不要争执；而要先听清楚客户疑问的起因和目的，同时多问一些问题，确认他的异议问题点。例如，“您是觉得这个价格偏高，对吗？”在客户列举出疑问后，房产经纪人要重复客户的疑问，感觉到客户的疑虑。房产经纪人通常可以这样说：

"您说的是这个意思吗？……"

"我明确一下您说的……"

"您能告诉我更多有关于……"

"您能进一步解释……"

（2）感受（Felt）

不论客户说什么，房产经纪人认同其理念和观点是十分必要的，要让客户感受到自己非常在意其想法。房产经纪人需要表示出对客户产生这种想法的理解，表达出对这种疑虑的认可。例如，房产经纪人对客户说：

"对于您的想法，我能够理解。其他客户也会有同样的想法……"

"我能够理解您的想法……"

"这是一种合理的观点……"

这些语言可以让客户更容易接受房产经纪人的观点。

（3）发现优势（Found）

房产经纪人向客户提供有关信息，并解释自己的观点，以及房源具有的优势，可以让客户放心，从而打消疑虑。

为了能够让房产经纪人更好地运用3F法则化解客户异议，我列举了以下两种常见客户异议的解决方案。

（1）客户说"我要回家再商量一下"

客户异议解决方案如下。

刚听您的意思是担心……这个问题呢，我完全理解您的感受。很多人在第一次买房时都会商量。毕竟买房不是买衣服，买件衣服不好就送人或扔掉都无所谓。但买房是家庭的一件头等大事，商量也是应该的。今天定的话可以抵 5 万元，并能优先选择楼层和位置。

如果您确实需要考虑，有个好办法是您可以先付意向金，我把房子锁定 3 天，3 天后签合同还可以享受活动优惠；如不同意签合同，我会把意向金全额退还给您。

（2）客户说“项目 / 房源价格太高了”

客户异议解决方案如下。

您是觉得总价有点高，超出预算了吗？我完全理解您的感受。很多人在第一次听到这个价格时也是这么想的。但仔细分析我们的这个项目，可以发现我们是剪力墙结构，成本比高层贵 20%；这个地段是将来的闹市区，环境好，交通方便，地价成本又比其他地段要贵。从这个项目的房子仅用 5 分钟就能到地铁站，旁边是万达商业广场，小区对面就是重点学校。虽然价格高一点，但确实值这个价格。

第 9 章

客户关系维护与老客户转介绍率提升

成交谈判后并不意味着生意的结束，房产经纪人还需要继续维护和管理与客户的关系，从而提高老客户的转介绍率，最终提升个人业绩。本章介绍客户关系维护和管理的方法，以及提升老客户转介绍率的方法。

9.1 客户关系维护和管理

成交谈判之后，房产经纪人带领客户和房东去交易中心办理过户，最终顺利交房。整个交易看似就这样结束了，但事实上并没有结束，房产经纪人不会因为这一笔交易的完成而退休。如果房产经纪人想有第二个客户、第三个客户……就要维护老客户，争取老客户复购和转介绍。

9.1.1 客户对于房产经纪人的终身价值

有关调查数据表明：每个满意的客户会把自己满意的购买经历告诉至少 12 个人，这 12 个人在没有其他因素干扰的情况下会有超过 10 个人表示一定会光临；相反，每个不满意的客户会把自己不满意的购买经历告诉 20 个人以上，而且这些人都表示不愿接受这种恶劣的服务。

这组数据说明了老客户的重要性。我们应当把老客户看作终身客户。终身客户是指通过房产经纪人买过房，而且很信任该房产经纪人，愿意通过房产经纪人重复购房或推荐其他人购买的客户。终身客户的价值不是根据客户单次购买所创造的价值来计算，而是通过其终身价值来判断，即客户终身带给房产经纪人的利润总和。

这里的利润总和包含以下两部分：

（1）客户自己租或买房为房产经纪人创造的收益；

（2）客户介绍他人租或买房为房产经纪人创造的收益。

客户的终身价值可以归纳为以下公式，如图 9-1 所示。

客户的终身价值 = 客户重复购买能力 + 客户推荐购买能力

图9-1 客户的终身价值

房产经纪人根据客户单次购买获得收益来判断其价值是非常狭隘和片面的，只有通过长期的眼光衡量客户的终身价值，才是衡量客户价值的正确标准。

案例 1

一个周末，客户吴叔叔骑着一辆自行车，穿着一件发黄的白色衬衫在中介公司门口看房。当时店里的大多数房产经纪人都没在意，但新来的房产经纪人小王主动接待了吴叔叔。他听吴叔叔说想买一套别墅，立即请经理过来。经理就推荐了公司正在代理的一个别墅项目，并当场开车过去带看。带看后过了两天，吴叔叔带家人又过来看了一次，第二次带看就订下了一套别墅。

小王刚来工作，手上也没有几个有意向的客户，吴叔叔是其成交的第一个客户，他特别珍惜。成交之后，小王三天两头往吴叔叔家里跑，陪他下棋、聊天，并且每次过去不是带着家里的老母鸡，就是带着新鲜的水果。有一天晚上 7 点左右，吴叔叔给小王打电话，说家里的马桶堵了，物业已下班，问他认识的有没有这样的服务人员。小王打了两个电话找人，但都说要到第二天才能过去。小王在电话里感受到吴叔叔很着急，于是买一些通下水道的工具就去吴叔叔家了。帮吴叔叔通了一个多小时，最终疏通了堵塞的马桶，小王身上也惹了一身臭味。当时，吴叔叔特别感动。后来，吴叔叔介绍家里的兄弟姐妹 5 人通过小王买房。通过吴叔叔及其家人的转介绍，在短短 3 个月的时间，他家里的亲戚一共在小王手上买了 8 套别墅。

通过这个案例，我们可以感受到维护老客户带来的价值。当然，老客户不会无缘无故地给房产经纪人介绍新客户，房产经纪人需要维护老客户的关系，不断提升老客户的满意度。营销大师菲利普·科特勒在《营销管理》一书中提到："满意度是指个人通过对产品或服务的可感知的效果与他的预期值相比较后形成的愉悦或失望的感觉状态。"也就是说，影响客户满意度的因素是客户体验与客户期望。具体到房产行业，客户满意度及相应表现分为以下 3 种情况。

第一种是客户体验小于客户的期望值。这时，客户心里会感觉不满，开始传播房产经纪人或房产经纪人公司的负面消息，甚至会另寻卖家。

第二种是客户体验等于客户的期望值。这时，客户基本上会在房产经纪人这里产生 1 次购买行为，同时他会寻找更满意的中介，房产经纪人和客户的关系无法长久维持。

第三种是客户体验大于客户的期望值。这时，客户会感觉到满意，并且会持续与房产经纪人交易，甚至会感觉到自豪。客户一旦有这种自豪、荣誉感，就会主动地给房产经纪人做宣传。

案例 2

我国台湾地区前首富王永庆开米店的故事就是对客户满意度非常好的诠释。

王永庆在 15 岁毕业后进入米店打工。1 年后，他经由父亲向其朋友借 200 元钱，开始了创业。初期，他没有成本做促销以吸引客户。而且，店铺规模很小，没有任何竞争优势。因此，王永庆的米店在刚开始时生意很差，没有人上门买米。但是，王永庆没有被吓退，而且积极寻找办法。既然没有人上门买米，那么他就开始上街挨家挨户推销自己的米，他的米店生意才慢慢有了一丝起色。可这样的销售方式不算好，十分耗费人力、物力，而且效果不明显，并不是一条长期可行的发展之路。

在当时的台湾地区，大米加工技术比较原始、粗糙，稻谷收割后会混杂许多小石子和其他杂物，在稻谷去壳的过程中也不能把石子和杂物全都去除，所以卖的米中都有一些小石子和杂物。于是，王永庆就从提升大米的质量上找到突破口，每次在卖米之前就与两个弟弟把所有的小石子和杂物都挑干净。因此，他卖的米近乎没有杂物。王永庆卖的米品质好在当地慢慢传开了，生意自然也就越来越好。不过，这只是王永庆卖米卖出去的第一种服务。

当时，所有米店还没有外送服务，王永庆就主动送米上门，这也成了王永庆卖米的第二项服务。而且，王永庆送货上门不只是送货，他还帮客户挑陈米、洗米缸。就当时而言，这又是一个大创举。于是，王永庆的米店名气和影响力更大了。

王永庆还有第三项服务，他会记下每家每户的米缸大小、家里有多少人吃饭、每个人的饭量怎么样，这样每次不用等客户吃完米上门来买，他的米店就会把米送到客户家里。

一连三项服务极大地超过了客户的满意预期，让王永庆的生意大红大火。王永庆的销售思路如图 9–2 所示。

只用一年时间，王永庆就积累了足够的资金和客户。第二年，他自己办了米厂。米厂为王永庆赚到了第一桶金，也为他日后涉足木业、进军塑料化工行业打下了基础。

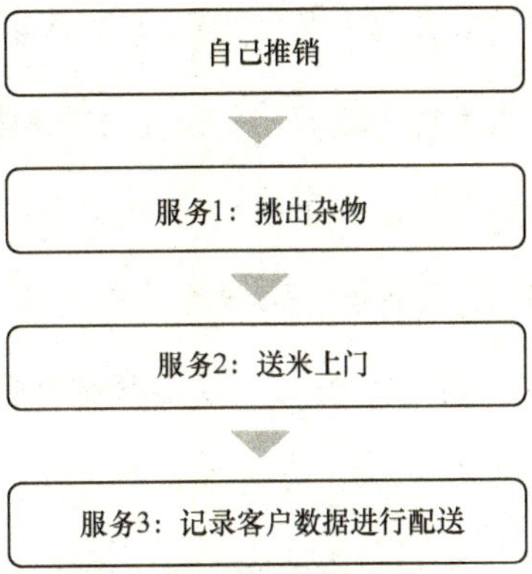

图9-2　王永庆的销售思路

这个故事可以让房产经纪人对于客户服务满意度有更深入的了解。其实，房产经纪人并不缺客户，而是缺少对客户的服务和维护。

案例 3

2009 年，小张加入房产经纪行业，成了一名房产经纪人。沈女士是陆家嘴某银行的一位高管，她来到门店咨询买房的事宜。机缘巧合之下，小张友好地接待了她，并成了为她服务的主要房产经纪人。当时，沈女士还是单身，需要购买一套单身公寓。小张马上开始整理手上已有的房源信息，为她匹配合适的房源。而沈女士也是一位小心谨慎的银行业人士，经常会问各种关于房产的专业问题，如税费、贷款、过户等。

经过一年多的工作积累，小张面对沈女士的各种问题都能及时又正确地回答，因此获得了沈女士的好感与信任，并成功地达成了购房交易。成交这一单后，小张也没有忘记沈女士，而是把沈女士的资料完整、清楚地记在自己的手机和记事本上，如工作单位、收入情况、生日，甚至包括沈女士喜欢的口红颜色等。逢年过节，小张也经常问候并拜访沈女士，时不时地还会聊到工作和生活上的遭遇，两人也慢慢像闺蜜一样变得无话不谈。沈女士平时不在家，小张还会帮她收发快递。

几年后，沈女士遇到了生命中的另一半，决定卖掉这套单身公寓，置换一套面积更大的婚房，她肯定首先选择如闺蜜一样的小张。当然，这一次小张也没有让她失望，在很短的时间内为她找到了合适的房源。经过两次交易后，沈女士完全信任了小张。2019年，沈女士为孩子上学购买教育地产，又再次委托给了小张。

我们从这个案例可以看出，沈女士每一次在她的人生出现重大转折、需要购买符合她需要的房产时都会想起小张。可见，客户维护不是从成交开始，而是从房产经纪人接待客户的那一刻就已经开始。

但是，房产经纪人在实际的工作中很难做到像案例中主角那样用心把客户维护那么久，这又是为什么呢？

9.1.2 房产经纪人维护客户时常见的5个问题

房产经纪人在维护客户时通常会遇到5个问题，如图9–3所示。

（1）成交的客户信息找不到

客户成交过后，有些房产经纪人会把客户信息记在本上，有些会记在手机里，没有统一的管理方式。当有一天想查找哪个老客户有何相关需求时，要费很大的劲才能找到或根本找不到。

例如，最近公司代理了一个总价30万元的商铺，该商铺很有投资价值。某房产经纪人脑海中有个模糊的印象，好像以前有一位客户有这种需求。当房产经纪人想推荐房源时却找不到这位客户的信息，那么该房产经纪人可能因此错过几万元的佣金。

图9-3　房产经纪人维护客户时常见的5个问题

（2）老客户基础信息录入不完整

老客户基础信息录入不完整、记录过于简单也是房产经纪人常见的问题。虽然房产公司门店有房客资源管理系统，但大部分房产经纪人在将客户信息录入系统时只是简单地记录了姓名和电话。因为房产经纪人往往很自信地认为信息都被记在自己的脑子里了。

可当有一天，经理需要房产经纪人盘点客户资源时，房产经纪人却发现，系统中的王先生、刘阿姨、李叔叔等都是去年乃至前年的信息，看不到、记不清当时他们有什么样的需求。这时，房产经纪人又要重新与客户沟通，因而耗时又费力。

（3）老客户维护频率不足，睡眠客户多

当客户交易完成后，房产经纪人会觉得老客户已经租或买好房、暂没有再租或买房的需要了，所以一个月也不打一个电话，有些甚至半年也不联系。当有一套低于市场价 10 万元的房源时，房产经纪人突然想起好像有一位姓李的老客户有需求，于是很激动地打电话过去说："李先生，我是住家地产的小王。这里有一套低于市场价 10 万元的两居室，想给您推荐一下！"客户说："哪个小王？我们有联系过吗？"房产经纪人长时间不与客户联系，客户很容易把房产经纪人忘记。

（4）老客户维护形式单一，以电话为主

房产经纪人意识到客户维护的重要性，平时就会打电话给客户拜年、发信息给客户贺寿。快到中秋节了，想要维护一下老客户，打开手机，精心编一条信息，在通信录中选择了客户赵叔叔、刘阿姨、王大哥，并点击"发送"，群发消息后通常不会收到一条回复。突然想起来赵叔叔是 A 类客户，房产经纪人又打通了赵叔叔的电话说："赵叔叔，中秋节快乐！"寒暄几句后，客户很厌烦地挂断电话。这是因为房产经纪人在维护老客户时形式过于单一造成的。

（5）客户信息没有及时维护更新

一些房产经纪人在初次录入客户信息后，就不再跟进。某天，有个房东委托出售一套一居室。房产经纪人很兴奋地打电话给客户说："刘小姐，您好！您不是需要买一套一居室吗？水岸秀苑出来一套一居室……"还没等房产经纪人介绍完房源，客户就打断了对话："小李，我之前和你说过，我现在不要这个小区，只要万科花园。"然后就挂断了电话。

9.1.3 完整的客户维护流程

完整的客户维护流程需要经过 3 个步骤，如图 9–4 所示。

图9-4 完整的客户维护流程

（1）客户资料建档

房产经纪人要为每一位客户建立档案，内容包括基本信息和成交信息。其中，基本信息包括客户的姓名、性别、生日、联系方式、紧急联系人电话、通信地址、身份证号码、工作单位及企业性质，成交信息包括所购房屋的面积、金额、付款方式、签约时间、付款时间、家庭人口结构、家庭人口年龄结构、购买决定人、车辆品牌及价位、客户及家人的兴趣爱好、成交时的背景和描述等。

房产经纪人只有尽可能多地了解客户的信息和背景，才能更好地维护客户，满足客户需求。客户资料建档后，房产经纪人还要定期跟踪，因为这样可以挖掘客户的二次需求。例如，房产公司接到一个一手项目，首付只要 30 万元，而且项目很有投资价值。这时房产经纪人就可以打开老客户档案，根据客户有没有贷款、贷款额度是多少以及家里的财务状态进行有针对性的二次销售，促进再次成交。

（2）客户分类筛选

为客户建档后，还需要对客户进行分类筛选。房产经纪人可以使用公司的客户管理系统，再配合自己在微信上给客户贴的不同标签进行分类。房产经纪人可以按照以下 3 种情况对客户进行分类。

① 按需求分类。例如，租房、买房、出租房、出售房，买房又可以细分为刚需、投资、学区、置换等类型。

② 按价格分类。例如，租房:3000 ～ 4000 元 / 月、5000 ～ 6000 元 / 月；买房: 200 万～ 300 万元、300 万～ 500 万元。

③ 按房产所属区域分类。例如，普陀真如、嘉定江桥。

做好客户分类筛选，对房产经纪人有很大的好处。例如，房产经纪人开早会唱盘时，同事分享出一套 300 万元的非常适合自住的两居室。这时房产经纪人只要打开手机微信，找到事先分类好的贴有“300 万元两居室”标签的客户，然后把房源信息发给客户，就能第一时间让客户知道。时间就是金钱，房产经纪人只需比其他同行早 5 分钟把信息发给客户，就有可能因为这 5 分钟而成交。

（3）线上线下维护客户

给客户建档并做完分类筛选后，接下来就要主动联系客户，让客户感觉到被尊重，同时让客户记住自己并成为自己的朋友。房产经纪人可以通过线上和线下两种方式维护客户。

线上是指通过打电话或发微信的方式联系客户。一开始，房产经纪人与客户不熟悉时不能过于热情。过于热情显得目的性太强，客户反而不自在。

除了线上打电话、发微信，房产经纪人在线下可以送些小礼物。礼物不能太重，也不能太轻。太重会让客户感觉目的性太强，太轻显得对客户不重视。例如，店长小王每当成交的客户搬新家时，都会送给客户一个家居摆饰。客户每次看到这些物品就会想到房产经纪人。在客户空闲时，房产经纪人偶尔也可以请客户到店，让客户知道自己还在做房产交易工作，下次有需求时还会记得找自己。

对于房产经纪人来说，成交不应该被视为销售的终点，而应该作为建立客户关系的起点。房产经纪人和客户的关系不应该在完成销售时消失，而应该在越来越多的接触中得到强化。这种关系强化也会成为影响客户在下一次交易时选择该房产经纪人的关键因素。

9.1.4 成交后的客户冲突管理4步法

客户关系的维护和管理过程中，最极端的状况就是客户成交后产生冲突。冲突管理是房产经纪人对客户成交后产生的意外情况和冲突进行协调与维护的过程。

房产经纪人小张成交了一套装修过的房子，里面的家具和家电有八成新。签合同时，房东与客户谈得很好，但没有针对房子里的家具家电及物业维修基金是否附送做特别说明。交房时，双方在这些问题上发生了矛盾和冲突，没有谈好。最终，双方将问题的源头指向小张，因为小张在签合同时没有把这些条款加进去。几次沟通无果，客户又到门店来闹了两次。最后通过法律途径，问题才得以解决。

在这件事情上，小张事先没有将工作做到位，确实有一定的责任。而且可以断言，房东和客户将不会继续在小张的公司进行房产交易了。这就是客户发生冲突时，房产经纪人没有处理好，导致客户和房东对公司的服务不满造成的后果。

客户对公司产品或服务的表现有所不满，刚开始时许多客户什么都不做，也不采取任何行动，更不会把自己的看法告诉任何人，因为这时产品或服务在经济价值和心理因素上对客户自身的影响很小。但随着在购买产品或服务上的投资加大，产生不满情绪的客户可能会发誓以后再也不买该产品或服务，并且不与该公司有所来往，这时或许会将自己的看法向别人讲述。

如果口头上宣扬产品或服务的缺点还不能消除客户的不满情绪，不满意的客户就可能向公司寻求赔偿、退换产品，或者向监管机构和媒体诉说、抱怨。当客户遇到问题时，他们希望解决方案简单易行，毫无阻碍。客户抱怨表示对购买的产品或服务感到不满，不满加深后会与公司发生冲突。

房产经纪人遇到与客户的冲突时可以按照客户冲突管理4步法进行处理，如图9-5所示。

图9-5　客户冲突管理4步法

深度倾听

房产经纪人在面对客户冲突时要以客户为中心，从客户的角度理解问题，让客户感受到被尊重。而房产经纪人要想让客户感觉到自己对他的尊重，就需要做到深度倾听，也就是站在客户的立场上听到客户语言背后的情绪和需求。

房产经纪人要做到深度倾听，可以采取以下3个步骤。

（1）接收

感同身受地接收客户的诉说，而不是急于辩解。客户在抱怨时，他的心情一定是以负面为主的。房产经纪人应先认真地听完客户的话，无论客户是否有误解，都不要打断；否则，客户会感觉房产经纪人是在找借口，结果会适得其反。

合理的处理方式是房产经纪人应该在确实理解了客户的诉求后再开口，不要急着为自己的任何行为做解释，并且适时真诚道歉。当客户的心情得到理解时，原本的愤怒情绪就会逐渐转为平静。

（2）反应

在深度倾听的过程中，为了能够让客户知道自己正在听取他的表述，房产经纪人需要给予客户语言和非语言的反应。语言反应包括“是的”“好”“没问题”等。除了语言反应以外，房产经纪人还可以给予客户非语言的反应，如点头、微笑、目光接触等。

（3）确认

深度倾听的最后一步是确认，也就是房产经纪人通过复述客户的关键词来确认客户所要表达的情绪需求。例如，“如果我没理解错，您是希望交房的时间能早一点，对吗？”“您是觉得我们房产经纪人没有及时回复您，所以才难过，对吗？”

通过以上3个步骤，房产经纪人可以深度了解客户语言背后的情绪和需求。

表达遗憾

房产经纪人在深度倾听之后，接下来要做的就是表达遗憾。简单地说一句“我对出现这样的问题非常抱歉”，就有可能使客户愤怒的情绪平静下来。我列举了以下 16 条对客户表达遗憾的常用语。

（1）我非常理解您的心情。

（2）我理解您为什么会生气。换成是我，我也会有跟您一样的感受。

（3）请您不要着急，我非常理解您的心情，我们一定会竭尽全力为您解决。

（4）如果我碰到这么多麻烦，我也会有您现在这样的心情。

（5）发生这样的事，给您带来不便了。不过，我们应该积极面对才是，您说对吗？

（6）没错，如果我碰到这么多您遇到的麻烦，我也会感到很委屈。

（7）我非常理解您的心情。请放心，我们一定会查证清楚，给您一个满意的答复。

（8）我真的很能理解。请放心，我们一定查证清楚，然后给您回复。

（9）听得出来您很着急。

（10）能感觉到您的担心。

（11）我能体会到您很生气，我给您提供一些其他建议，您看好吗？

（12）我能感受到您的失望，我能帮助您的是……

（13）您说得很对，我也有同感。

（14）给您造成不便，非常抱歉，我们的心情跟您一样。

（15）您的心情，我可以理解，我马上为您处理。

（16）没错，如果我碰到和您一样的麻烦，也会有您现在这样的心情。

解决冲突

当公司出现明显错误时，表达遗憾和进行修正显然是很恰当的做法。但是，如果事情不清晰、不可辨，就会出现客户将责任归咎于公司，而公司却将责任归咎于客户的情况。例如，约定好了交房时间，结果没有按时交付，客户会说你们没有及时沟通，而房产经纪人则说已经沟通过了。这时，房产经纪人可以通过以下 3 种方式解决冲突。

（1）适应

“适应”是强调合作行为的冲突解决方式。当客户比争论的问题更加重要时，适应就是一种善意的姿态，这种方式可以提升客户对合作关系的认可度。

例如，房东和客户约定交房时送一台空调，但最后房东又不送了。这时客户可能会埋怨房产经纪人没有给出书面约定，但争论也解决不了问题，最好的方式是附和客户说全力与房东沟通。

（2）妥协

“妥协”是寻求一种令双方在一定程度上都比较满意的、能够共同接受的折中结果。互利的妥协主要通过谨慎的谈判来达成。例如，前文提到的交房时客户与房东之间为了是否赠送家具产生冲突。这时，如果三方都适当做一些妥协，客户适当补贴一点钱给房东，房东认定的价格多优惠一点，房产经纪人适当给予一定的佣金折扣，这个问题也不至于要上诉至法院。

（3）终结

当客户或公司认为冲突无法解决时，房产经纪人就要与客户彻底终止关系了，这就是终结的方法。使用终结方法，客户必然会流失。

继续跟踪

如果未使用终结的方法解决冲突，后期要继续跟踪客户，房产经纪人就要避免问题重复出现。避免同样的问题重复出现，对于客户关系维护而言是十分必要的。公司必须为每个合理的问题提供一种解决方法，并做出处理。在问题得到解决后，需要调查解决方案是否被大家接受，这是避免同样问题重复出现的好办法。为产生抱怨的客户提供顺畅无阻的解决办法，并且合理解决所抱怨的问题后，他们就可能会成为公司最忠诚的客户之一。

9.2 提升老客户转介绍率

客户关系维护和管理是为了客户的重复购买和转介绍，重复购买和转介绍也是客户的终身价值所在。房产销售行业中流行着下面这样一组数据：

（1）发展一个新客户的成本是留住一个老客户所需成本的 3 ～ 10 倍；

（2）60% 的新客户来自老客户的转介绍；

（3）20% 的老客户能够带来 80% 的利润。

在我的门店里，有一个关于老客户转介绍的鲜活案例。

小张和小刘都是在公司工作了两年的老房产经纪人。小张每天朝九晚九，从来不迟到且很少请假，每天打 200 个业务电话，一周最多时带看 7 组。而小刘平时很少在公司，他不是在房东家，就是在见客户，一周带看只有两三组。可到月底时，小刘的业绩总要比小张高出 2 万元。

之所以会出现这样的情况，原因在于小刘平时经常去房东或客户家，与房东和客户的关系维护得很好，虽然平时打电话不多，但每个月老客户介绍给他的客户就占了他业绩的 80%。这相当于他带领了一个销售团队，而且销售人员就是老客户。

9.2.1 老客户转介绍的三大优势

通过小张和小刘的案例可以看出老客户转介绍具有以下三大优势。

（1）更容易获取精准的客户

社交讲圈子。身价 100 万元的人身边，身价 100 万元的人多；而身价 1000 万元的人身边，大部分都是身价不低的。买房客户身边的人，购房能力自然不会差，这样获得的客户更加精准。

（2）可信度强，销售成交概率更高

老客户介绍的陌生客户有老客户做信任背书，信任度自然会高。购房与人们平时网上购物喜欢先看别人评价再做购买决策是相同的道理。如果一个产品的点评人数多，而且每个点评都很好，那么顾客自然就会信任这个产品。

（3）获得再次转介绍的概率高

客户都有从众心理，身边的人都说这位房产经纪人好，就会形成口碑效应，大家都会过来找这位房产经纪人。也就是说，老客户给房产经纪人介绍的陌生客户在成交以后，他会继续给房产经纪人转介绍。

9.2.2 获得老客户转介绍的5个条件

根据动机心理学，房产经纪人想获得老客户转介绍需要具备 5 个条件，如图 9-6 所示。

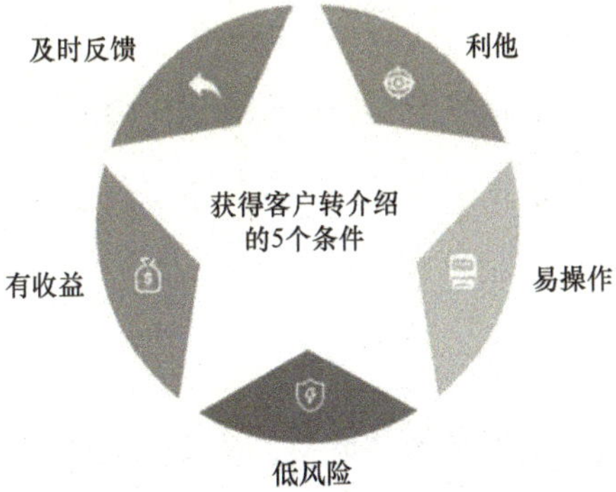

图9-6　获得老客户转介绍的5个条件

（1）利他

老客户在转介绍时可以帮助他的朋友解决问题或争取福利。

老客户王总把他的好朋友刘总介绍给我，让我给刘总推荐一套房源。我推荐了一套低于市场价 30 万元的精装房，不到一年就涨了近 60 万元。事后王总很开心，因为他不仅帮了朋友刘总的忙，而且还让刘总在不到一年时间里相当于赚了 90 万元。

正是这种利他的心理让王总愿意把好友转介绍给我，这比他自己赚几万元还要开心。

（2）易操作

房产经纪人在请老客户转介绍时，操作要简单，不能有太多的步骤。例如，只需要让老客户转发图片，那么只要一个操作步骤就可以了。但如果是让老客户到房产经纪人的朋友圈查看第一条信息，然后转发，那么老客户有可能觉得太麻烦，就不操作了。

（3）低风险

老客户在转介绍时相当于为房产经纪人做了担保，一旦让转介绍的老客户产生了损失，那么老客户的信誉就会受到影响，这是老客户不愿意看到的。例如，老客户张先生介绍王小姐过来买房，但是房产经纪人推荐房源的房产证办不出来。这对张先生来说，不仅影响了自己和王小姐的友谊，甚至王小姐还会想："张先生是不是从中拿了什么好处？"

（4）有收益

很多老客户做转介绍不是简单地为了金钱。例如，有些老客户可能只是单纯地喜欢分享好的东西，有些老客户只是纯粹地给朋友帮忙。所以，房产经纪人要了解老客户是哪种诉求，不同诉求的老客户，其转介绍的动机不同。如果老客户转介绍是为了金钱，那么房产经纪人在老客户转介绍后就可以给予一定的金钱作为回馈。如果老客户转介绍是好面子，那么房产经纪人可以在新客户面前多夸老客户。如果老客户没有明确的诉求，那么房产经纪人可以买一些礼品或老客户喜欢的东西送过去。老客户会很开心，毕竟礼轻情意重，而且老客户会认为房产经纪人懂得感恩，下次还会给房产经纪人介绍新客户。

（5）及时反馈

老客户沈先生在外地，房子装修时需要有人监工，他就拜托我。我每天都会过去看看，帮了沈先生的忙。事后，沈先生非常感谢我，给我介绍了一位新客户。

接下来，我做了两件事。

第一件事是我会及时用微信将与这位新客户谈业务的所有进展告诉他，“今天我和您朋友见面啦，聊得特别好”“今天我们签单啦，您朋友真体面，请我喝茶，让我挺不好意思的”，等等，这就是及时反馈。

第二件事是从那以后，只要见到他，我就会表示感谢。并不只是逢年过节，而是只要见到他就会道谢。这么做的原因很简单，还是反馈，老客户会从我的反馈中获得满足感。

大部分房产经纪人都知道答谢这件事，但大部分人都会选择在年底或特殊节假日用礼品表达感谢，这是不合理的。首先，节假日是所有销售送礼的高峰期，房产经纪人不能保证自己的礼物是最好的；其次，老客户期待房产经纪人的答谢，但没有要求必须是物质上的，有时反而精神上的答谢更重要。

9.2.3 开口：客户转介绍的核心动作

我们可以通过以下案例了解什么是开口。

有一次，我去超市买口罩，营业员在扫码结账时对我说：“三得利乌龙茶，原价 4.5 元一瓶，现价 2.5 元，要不要带一瓶？”就这样，我多买了一瓶乌龙茶。

其实，超市门口已经写了“三得利乌龙茶原价 4.5 元一瓶，现价 2.5 元”，即使我看到了也不购买，但是当营业员说“三得利乌龙茶，原价 4.5 元一瓶，现价 2.5 元，要不要带一瓶”时，我就买了。这件事反映了房产经纪人如果想让客户转介绍，哪怕客户知道转介绍的种种好处，房产经纪人也必须要开口。

在以下 5 个场景中，如图 9–7 所示，房产经纪人可以开口向客户传递转介绍的信息。

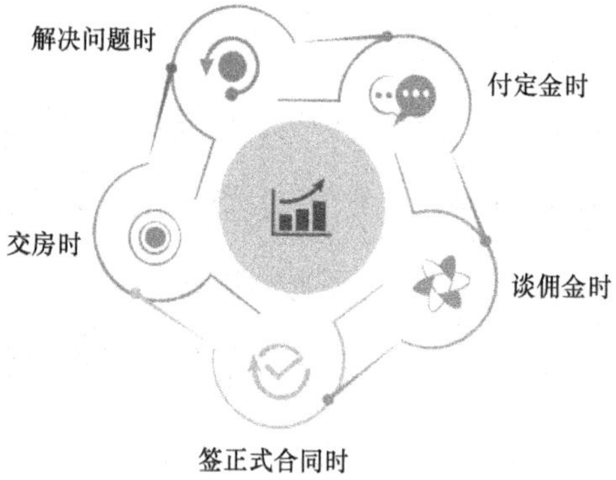

图9–7　向客户传递转介绍信息的5个场景

（1）付定金时

客户通过房产经纪人的带看选中房子，并在房产经纪人的协作下得到心理预期的房价，于是满心欢喜地付了定金。这时，房产经纪人就可以开口说：“李小姐，您看我只用一个月就帮您找到了满意的房子，还低于市场价 10 万元，我的效率很高吧。以后要是有朋友买房，您可以介绍给我，我一定会继续高效地提供找房服务！”

（2）谈佣金时

房东和客户的交易完成后，客户往往会要求佣金打折。这时，房产经纪人可以向客户开口："张先生，这次的佣金给您打了9折，只有老客户才能享受这样的优惠。后面如果您身边有亲朋好友要买房，一定要记得介绍给我哦！"

（3）签正式合同时

客户付好定金后，过一周左右会付首付款，双方才能签正式的买卖合同。这对于客户来说是特别有仪式感的事情。房产经纪人可以在签好合同后开口说："王叔叔，恭喜您，正式的买卖合同签好了！同时也谢谢您对我服务的认可，如果以后您身边的亲朋好友需要买房或卖房，记得推荐给我哦！"

（4）交房时

房屋交易到了最后的交房环节，意味着通过几个月的服务，客户终于拿到了房子。这时，房产经纪人可以买个礼物送给客户，并说："刘总，恭喜您终于拿到房子！也非常感谢您对我个人及公司的信任，我相信您的身边一定有像您这样年轻有为的朋友，您可以帮我推荐一下。"

（5）解决问题时

有时客户在交易的过程中甚至交易之外会出现一些问题，这些问题是由客户自己的原因产生的。当房产经纪人帮助他们解决这些问题后客户表示感谢时，房产经纪人就可以说："没关系，以后如果有朋友要买房，推荐给我就可以了。"

以上分享了5种转介绍开口的场景，但不是说在每一种场景下房产经纪人都要向客户开口，这样也可能会让客户反感。房产经纪人要在合适的时间提醒客户，但总的开口次数以不超过3次为宜。

9.2.4 提升老客户转介绍率的两件事

行为经济学家丹尼尔·卡尼曼认为，人类对体验的记忆由两个因素决定：

高峰时（无论是正向的还是负向的）的感觉与结束时的感觉，这就是峰终定律（Peak–End Rule）。

人们对一项事物的体验，能记住的就是峰值在“最高”“最低”“最后”时的体验，这些体验的时间长短、质量、比重对记忆几乎没有影响。高峰之后，终点出现得越迅速，这件事留给人们的印象就越深刻。这里的“峰”与“终”就是“关键时刻"。

人们对体验的记忆由两个核心因素决定：第一个是体验最高峰的时候，无论是正向的最高峰还是负向的最高峰，一定是能记得住的；第二个是结束时的感觉。对于房产经纪人来说，交易过程中的“最高”和“最低”很容易把握，但往往容易忽视最后的售后环节。其实，最后的售后环节才是影响客户对整体服务体验的关键。甚至好的售后能弥补以前的一些小误会和瑕疵，而糟糕的售后却能让以前苦心经营的客户关系毁于一旦。房产经纪人要做好成交后的售后服务，给客户好的体验，客户才能自愿给房产经纪人做转介绍。

以下提供了两种对客户的售后服务工作，如图 9–8 所示，这两种工作可以极大地提升老客户转介绍的概率。

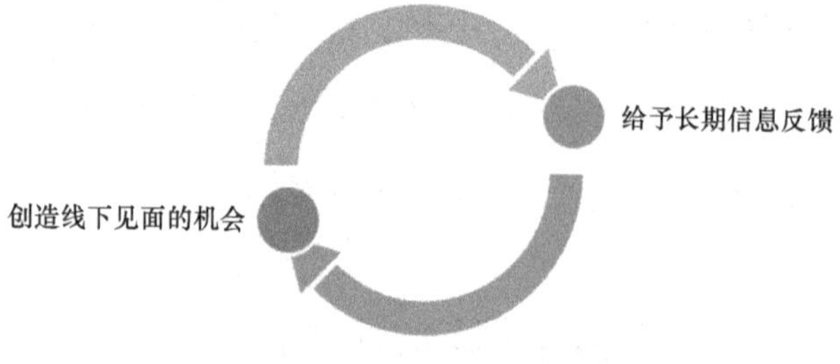

图9–8　两种对客户的售后服务工作

（1）给予长期信息反馈

大多数客户在买完房后会再投入很多精力关注房价，因为作为房产的拥有者，还是比较关心自己拥有的不动产是否升值的。房产经纪人就该把房地产行业的相关情况定期传达给客户，客户听了这些消息会很高兴。同时，这也是房产经纪人跟客户保持联系的方法。持续这么做，甚至还会激活一些已经淡忘房产经纪人的老客户，带来转介绍的惊喜。

我的客户任姐在 2020 年买了一套价值 700 万元的别墅。交易后，我会把房地产行业的一些变化及时反馈给她，例如，最近的成交量怎么样、信贷政策有什么变化等。2021 年上半年房价普遍上涨，她的房子也涨了七八十万元。她听后很开心，后来给我介绍了两位成交客户。

（2）创造线下见面的机会

如果客户住得近，逢年过节时房产经纪人可以买一些礼品送上门，如中秋节买月饼、端午节买粽子等。这些礼品的价格并不高，但可以创造与客户见面的机会。当然，房产经纪人还可以约客户到公司聊聊天或喝下午茶。

房产经纪人与客户接触需要注意分寸。有分寸就是在不打扰的前提下与客户保持联系，分享数据也好，聊市场也罢，时常沟通一下；关系好的，有空可以约着吃饭、聊天，按朋友的标准相处。这样下来，他们自然不会忘记房产经纪人。

房产经纪人做好客户的售后服务会带来更多的转介绍，而这一切就是一个非常完美的业务循环，客户络绎不绝，成交源源不断。